AF747546

www.ingramcontent.com/pod-product-compliance
Lightning Source LLC
LaVergne TN
LVHW050752051026
849532LV00008B/2843
9788119022373

زندگی : ہے ایک پہیلی

(تعمیر نیوز ویب پورٹل کے منتخب مضامین)

زندگی سیریز: 2

مرتب:

مکرم نیاز

© Taemeer Publications LLC

Zindagi : hai ek paheli (Essays)
by: Mukarram Niyaz
Edition: August '2025
Publisher :
Taemeer Publications LLC (Michigan, USA / Hyderabad, India)

ISBN 978-81-19022-37-3

9 788119 022373

مرتب یا ناشر کی پیشگی اجازت کے بغیر اس کتاب کا کوئی بھی حصہ کسی بھی شکل میں بشمول ویب سائٹ پر اَپ لوڈنگ کے لیے استعمال نہ کیا جائے۔ نیز اس کتاب پر کسی بھی قسم کے تنازع کو نمٹانے کا اختیار صرف حیدرآباد (تلنگانہ) کی عدلیہ کو ہو گا۔

©تعمیر پبلی کیشنز

کتاب	:	**زندگی : ہے ایک پہیلی** (مضامین)
مرتب	:	**مکرم نیاز**
صنف	:	غیر افسانوی نثر
ناشر	:	تعمیر پبلی کیشنز (حیدرآباد، انڈیا)
سالِ اشاعت	:	۲۰۲۵ء
صفحات	:	۸۸
سرورق ڈیزائن	:	تعمیر ویب ڈیزائن

فہرست

زندگی پہیلی ہے، زندگی فسانہ ہے	مکرم نیاز	6
(۱) رشتوں کا جوا	ڈاکٹر مجید خان	9
(۲) فائق باپ کی لائق اولاد	رؤف خیر	15
(۳) شرافت و قابلیت - ایک نایاب نسخۂ کیمیا	زبیر حسن شیخ	24
(۴) عمل سے فارغ ہوا مسلماں بنا کے تقدیر کا بہانہ	مصطفیٰ علی سروری	31
(۵) جشن نکاح یا جشن اسراف ؟	سید ابرار نظامی	37
(۶) تمباکو نوشی: اس زہرِ ہلاہل سے سماج کو بچایئے	رفیع الدین حنیف	42
(۷) دین کے پانچ ستونوں کے اوپر: عمارت کون ۔۔۔	علیم خان فلکی	47
(۸) عبادات کی نقدی اور معاملات کا جرمانہ	ندیم صدیقی	67
(۹) دور حاضر اور ہندوستانی مسلمان	آکر پٹیل	71
(۱۰) نیکیوں کا موسم	فیروز ہاشمی	75
(۱۱) نئے تعلیمی سال کا آغاز: تعلیم بن گئی تجارت	یحییٰ خان	85

پیش لفظ

زندگی پہیلی ہے، زندگی فسانہ ہے

مکرم نیاز

مطالعہ کا جو بصری سفر گذشتہ نصف صدی میں بیتا ہے وہ ایک معنوں میں تین ادوار پر مشتمل ہے۔ (۱) کاغذی اخبار، کتب و رسائل، (۲) انٹرنیٹ کی ویب سائٹس اور (۳) سوشل میڈیا۔ ہرچند کہ تینوں زمانے اب بھی جاری ہیں مگر ثانی الذکر دونوں دَور بوجہ ترجیحی طور پر آگے محسوس ہوتے ہیں۔ آن لائن یا ڈیجیٹل مطالعہ کی یوں تو ڈھیر ساری خصوصیات گنائی جا سکتی ہیں مگر سب سے بڑی خصوصیت مطلوبہ مواد کی فوری تلاش میں سہولت کی عام دستیابی ہے۔

اردو طباعت (پرنٹنگ) کے میدان میں آج بھی سینکڑوں اخبارات اور کتب و رسائل ہندوستان سے شائع ہوتے ہیں جن میں سے اکثر و بیشتر اخبار و رسائل کی اپنی ویب سائٹس بھی موجود ہیں۔ پھر بھی اردو زبان کی مستند خبروں، علمی، ادبی و معلوماتی مواد کی کمی جب محسوس ہوئی تو راقم الحروف نے ۱۵؍ دسمبر ۲۰۱۲ کو 'تعمیر نیوز' کا آغاز بطور نیوز پورٹل کیا تھا جسے بعد ازاں جنوری ۲۰۱۸ء سے ایک علمی، ادبی، سماجی اور ثقافتی پورٹل میں تبدیل کیا گیا۔ تبدیلی کی بنیادی فکر یہی رہی کہ اردو داں قارئین کے ذوقِ مطالعہ میں

اضافہ کی خاطر انہیں صرف خبروں تک محدود رکھنے کے بجائے اردو زبان و ادب کے اس علمی ذخیرے سے مستفید کیا جائے جس کی سائبر دنیامیں آج بھی کمی محسوس کی جاتی ہے۔ گیارہ (۱۱) سالہ طویل سفر کے دوران 'تعمیر نیوز' نے علمی و ادبی مواد کے انتخاب، معیار کی برقراری اور نوجوان قلمکاروں کی تحریروں کی تدوین، اشاعت اور ان کی حوصلہ افزائی کے لیے اپنا فریضہ نبھانے میں کوئی کوتاہی نہیں برتی ہے۔ اسی لیے ماہر تعلیم اور سوشل میڈیا پر اردو کی ترویج میں مشغول ممتاز استاذ و ادیب ڈاکٹر اسلم فاروقی نے لکھا کہ:

"جب کبھی کسی اردو ریسرچ اسکالر کو زبان و ادب سے متعلق کچھ اہم مواد کی تلاش ہوتی ہے اور گوگل میں اردو یونیکوڈ میں جب ہم کوئی موضوع لکھ کر سرچ کرتے ہیں تو جس کارآمد مواد تک ہماری رسائی ہوتی ہے وہ 'تعمیر نیوز' پر دستیاب رہتا ہے۔"

انفارمیشن ٹیکنالوجی نے آدمی کو اتنا ترقی یافتہ بنا دیا ہے کہ وہ اپنا وقت ضائع کئے بغیر کہیں بھی بیٹھے بیٹھے پوری دنیا سے سوشل میڈیا کے ذریعے رابطہ قائم کر سکتا ہے۔ سوشل میڈیا کا بنیادی مقصد ہی دنیا کے تمام انسانوں کو ایک دوسرے سے قریب لاکر انہیں آپس میں جوڑنا ہے تاکہ وہ باہمی خوشیاں بانٹ سکیں، ایک دوسرے کے افکار و خیالات سے استفادہ کر سکیں اور سماجی ناانصافیوں، استحصال اور ظلم و بربریت کے خلاف مشترکہ صدائے احتجاج بلند کر سکیں۔ عصر حاضر میں سوشل میڈیا جہاں عوام میں آگاہی کا فریضہ انجام دے رہا ہے وہیں معلومات کی فراہمی اور شعور بیداری کا ایک بہت بڑا ذریعہ بھی ہے۔ یہی سبب ہے کہ راقم الحروف نے علمی، اصلاحی اور سماجی موضوعات پر لکھنے کی طرف زیادہ توجہ دی ہے۔ مگر اس پابندی کے ساتھ کہ لفاظی کرنے یا دیگر ذیلی متنازعہ

پہلوؤں کو چھیڑنے کے بجائے نفس موضوع تک محدود رہ کر مختصر مگر جامع انداز میں درست موقف کو سامنے لانے کی سعی کی جائے۔

اس کتاب میں 'تعمیر نیوز' سے اخذ کردہ ایسے مضامین کو شامل کرنے کی ممکنہ کوشش کی گئی ہے جو زندگی کے منفرد و متنوع مسائل کا احاطہ کرتے ہوئے قاری کی مناسب علمی و سماجی رہنمائی کا فرض بھی انجام دے سکیں۔ امید ہے کہ اس قلمی کاوش کا علمی و سماجی حلقوں میں استقبال کیا جائے گا۔

۱۳/ اگست ۲۰۲۵ء

حیدرآباد (تلنگانہ، انڈیا)

۱

رشتوں کا جوا

ڈاکٹر مجید خان

تعلیم یافتہ لڑکیوں کے رشتوں کے تعلق سے نت نئے پیچیدہ مسائل دیکھنے میں آرہے ہیں۔ ماہر سماجیات کو اس موضوع پر غور کرنا چاہئے۔ ان سماجی تبدیلیوں کا کسی فرد پر کیا اثر ہوتا ہے اُس کا جائزہ ماہر نفسیات لیتا ہے۔ آج اسی طرح کے مسائل سے معصوم لوگ پریشان ہیں۔ چند لوگ جب مشورے کیلئے آتے ہیں تب صحیح کیفیات کا علم ہوتا ہے۔ اسی قسم کی ایک نوجوان لڑکی اپنی ماں کے ساتھ مشورے کیلئے آتی ہے۔ اُس کے والد گاؤں میں ٹیچر ہیں۔ اُس کی شروع ہی سے یہ خواہش تھی کہ اُس کی اولاد ایک لڑکا اور لڑکی بہترین تعلیم حاصل کرے۔ دونوں ذہین تھے۔ ایک اچھے اور چاہنے والے والد جو خود بہترین ٹیچر بھی تھے گھر میں اچھا تعلیمی ماحول پیدا کئے تھے اور دونوں بھی پسماندہ طبقے والوں کو جتنے مراعات حاصل ہیں اُن کا بھرپور استفادہ کرتے ہوئے اچھی تعلیم حاصل کئے۔ لڑکا اور لڑکی دونوں انجینئرنگ کی تعلیم حاصل کئے۔ لڑکا ابھی ملازمت حاصل کرنے کے بعد کسی بڑے شہر کو چلا گیا اور خاندان کو معاشی استحکام دلانے کی جدوجہد میں جُٹ گیا۔ ظاہر ہے گاؤں کا ایک غریب ٹیچر جو ایک چھوٹے سے کویلو کے مکان میں رہا کرتا تھا کبھی یہ نہیں سوچا تھا کہ وہ ایک دن امیروں کی طرح زندگی گزارے

گا۔ بیوی تو بیچاری اپنا پورا وقت دھویں بھرے باورچی خانے میں گزارتی تھی اور اُس کے دماغ میں ایک ہی بات سمائی ہوئی تھی اور وہ تھی لڑکی کی شادی اور بہو کا جلد سے جلد حمل یاب ہونا۔

لڑکی سنجیدہ، عقل مند اور سمجھدار تھی۔ شہر کے آج کل کے بہترین عصری ماحول میں اُس کو ایک مشہور کمپیوٹر کمپنی میں ناقابل یقین ماہانہ مشاہرے پر ملازمت مل گئی۔ بیچارہ باپ یقین نہیں کیا کہ اُس کی لڑکی کی یافت اُس کے ہیڈ ماسٹر سے بھی کئی گنا زیادہ تھی۔ پہلی تنخواہ کو ہاتھ میں لے کر گننے کا پروگرام بنایا تھا مگر مہینہ گزرنے پر بھی اُس کو اتنی بڑی رقم کہیں دکھائی نہیں دی۔ لڑکی تو نئے نئے کپڑے خریدنے لگی اور ماں باپ دونوں کیلئے قیمتی کپڑے وغیرہ خریدی مگر وہ تو تیاری کر رہا تھا کہ نوٹوں کے بنڈلوں کو کئی بار گنے گا اور کسی محفوظ جگہ پر رکھے گا۔ پھر وہ سمجھ گیا کہ یہ نئی دنیا کے ہیر پھیر ہیں۔ کاغذ پر بڑی بڑی تنخواہیں لکھ دیئے ہیں اور ہاتھ میں کچھ نہیں ملتا۔ یہ نئی تنخواہیں دینے والے مکار لوگ بڑی بڑی انگریزی باتیں کرتے ہوئے اپنے ملازموں کو بینکوں کی بُری عادتیں ڈال دیتے ہیں اور ان لوگوں کو ہر چیز قرض پر لینے کی عادت سی پڑ جاتی ہے۔

اب وہ بھی اپنی بیوی سے متفق ہوگیا کہ جلدی سے جلدی اُس کی شادی کر دینی چاہئے مگر لڑکی کی مرضی کے خلاف تو کوئی کام کرنا نہیں تھا گاؤں میں تو کوئی قابل قبول رشتہ نہیں تھا۔ اپنے بچوں کی طرح تعلیم یافتہ نوجوان کوئی تھے ہی نہیں۔ بحالت مجبوری اپنے لڑکے اور اُس کے دوستوں کی مدد سے اشتہارات دیئے گئے اور ایک مناسب رشتہ مل ہی گیا۔ لڑکے والوں کا خاندان بھی ایک گاؤں ہی کا تھا مگر لڑکے کے والد کاشتکار تھے اور جاہل تھے۔ اپنے اکلوتے لڑکے کو اچھی تعلیم دلوائے اور وہ آئی آئی ٹی سے کمیکل انجینئرنگ میں حاصل کیا۔ میں آج تک بھی اس مغالطے میں رہا تھا کہ تعلیم آئی آئی ٹی سے

بڑھ کر کوئی تعلیم نہیں ہو سکتی مگر یہ سُن کر تعجب ہو رہا ہے کہ کئی لڑکے اس میں داخلہ ملنے کے باوجود اس میں شریک نہیں ہو رہے ہیں۔ سنا ہے کہ اس کی مقبولیت میں کمی ہو رہی ہے اور اس کی وجہ ہے بہترین یافت کے مواقع کا فقدان، دیکھنے پر تو یہ شخص آئی آئی ٹیسے پاس ہوا تھا مگر نوکری کی تلاش جاری تھی۔ خیر رشتہ پکّا ہو گیا۔ لڑکی معقول تنخواہ حاصل کر رہی تھی اور لڑکے کو نوکری ملنے کی قوی اُمید تھی۔

مگر لڑکی کے والد تو نوٹوں کی گڈیاں دیکھنے کے آرزومند تھے۔ لڑکی اُن کی تشویش کو بھانپ گئی اور والد کو سمجھائی کہ تنخواہ بینک میں راست چلی جاتی ہے اور وہ اپنا چھوٹا سا پلاسٹک کارڈ استعمال کرتے ہوئے جتنی رقم اس کو درکار ہے دن رات کبھی بھی نکال سکتی ہے۔ والد صاحب خاموش تو ہو گئے مگر یہ عجیب طریقہ کار اُن کو پسند نہیں تھا۔ تنخواہوں کی بڑی بڑی فائلس دکھانے کے بجائے وہ بینک کی چھوٹی چھوٹی چٹھیاں دکھا رہی تھی اور اپنے سیل فون پر جہاں کتاب دکھا رہی تھی تو اُن کو قطعی پسند نہیں تھا۔ اب لڑکے والے منگنی کے پہلے دس لاکھ کا مطالبہ وہ بھی نوٹوں بھری کشتیاں مٹھائی کے ساتھ دیکھنا چاہ رہے تھے۔ لڑکی کو یہ تمام طور طریقے دقیانوسی نظر آرہے تھے اور وہ اُن کو رقم چیک کے ذریعہ دینا چاہ رہی تھی جس کو نامنظور کیا گیا۔ بحالت مجبوری لڑکی کی مرضی کے خلاف یہ شرط بھی پوری کرنی نہیں پڑی۔ خیر یہ مرحلہ بھیخیر وخوبی پورا ہو گیا۔ گو کہ یہ لڑکی بھی گاؤں والی ہی تھی مگر ملازمت کی جگہ اُس کی دوستی دوسری لڑکیوں سے ہوئی جو کافی رقم بہترین فیشن ایبل ملبوسات پر خرچ کرتی تھیں اور Beauty Parlour وغیرہ پابندی سے جایا کرتی تھیں۔ اس لڑکی کو ضروری ہو گیا تھا کہ وہ اپنی ساتھیوں کی طرح فیشن ایبل نہیں اور ظاہر ہے اُس کی آمدنی کا زیادہ حصہ ان لوازمات پر خرچ ہو جاتا تھا اس کے والد کو کوئی اندازہ نہیں تھا کہ یہ لباس وغیرہ کتنے قیمتی ہوا کرتے ہیں۔ اگر اُس کے والد والدہ کو پتہ

چلیے تو اخراجات سن کر بے ہوش ہو جائیں گے۔ پھر بھی ماں بہت حد تک اپنی لڑکی کی نئی فکر کو سمجھتی تھی۔

دس لاکھ روپئے وصول ہونے کے بعد لڑکی اور لڑکا Facebook پر تبادلہ خیالات اور تصاویر کا سلسلہ شروع کئے۔ آہستہ آہستہ لڑکی یہ محسوس کرنے لگی کے دونوں کے خیالات میں زمین آسمان کا فرق ہے۔ دونوں تعلیم کے حد تک تو برابر کے تھے اور لڑکی روزگار سے لگی ہوئی تھی اور لڑکا بے روزگار۔ مگر پھر بھی اُس کی گفتگو میں عجیب قسم کے اور مہمل سے اعتراضات تھے۔ سب سے پہلا اعتراض کا تعلق فیشن ایبل لباس کے تعلق سے تھا۔ اُس کا کہنا تھا کہ اتنا عریاں اور ماڈرن لباس پہن کر تم میرے گھر نہیں آسکتی گو کہ لباس عریاں کی تعریف میں نہیں آتا تھا لڑکی نے سمجھانے کی کوشش کی کہ وہ ایک ترقی یافتہ کمپنی میں اہم عہدے پر مامور ہے اور اس کے لئے خوش پوشاکی ضروری ہے وہ دقیانوسی لباس پہن کر کسی کو صورت دکھانے کے قابل نہیں رہے گی۔ بہر حال اس قسم کی تو تو میں میں کا سلسلہ چلتا رہا اور شادی کی تاریخ قریب آنے لگی۔ لڑکی اُس سے بات کرنے سے ڈرنے لگی کیونکہ خوشگوار گفتگو نہیں ہوا کرتی تھی۔ ہاں ان حالات سے واقف تھی اور ظاہر ہے اسے شوہر کو بھی مطلع کرنا ہی ہوگی مگر بیچارے کریں تو کیا کریں۔

اس تذبذب میں لڑکی ماں کو لے کر مشورے کیلیئے آہی گئی۔ اُس کا کہنا تھا کہ اگر ہم دس لاکھ روپئے جوڑے کی رقم نہ دیئے ہوتے تو بغیر کسی جھجک کے اس رشتے کو خیر باد کہہ دیئے ہوتے۔ مگر اب تو گردن اس رشتے میں پھنس گئی؟ کریں تو کیا کریں والد کو جب معلوم ہوا کہ لڑکی رشتے کے تعلق سے متفکر ہے تو وہ بیچاری بھی پریشان ہونے لگا مگر آخر کریں تو کیا کریں۔ والد اور والدہ لڑکی کو سمجھانے لگے کہ شادی کے بعد جب اولاد ہو جائے گی تو میاں بیوی میں رشتے بہتر ہوتے جائیں گے۔ مجھے تو پتہ چل گیا تھا کہ شوہر

سخت مزاج ہے اور رہے گا۔ شادی کے قبل ہی وہ شرائط رکھنے لگا تو شادی کے بعد بیوی پر حکومت کرے گا۔ پھر میں نے پوچھا "آپ لوگوں کے پاس دوسرا مناسب رشتہ ملنا کتنا آسان یا مشکل ہے" ماں کہنے لگی کہ بہت مشکل ہے اب یہ سنگین مسئلہ درپیش ہو گیا۔ اچھے رشتے آسانی سے نہیں ملتے ہیں۔ پھر لڑکی کے رویے میں میں نے دیکھا کہ کافی لچک تھی۔ وہ حالات سے معاہدے کرنے کے لئے تیار تھی مگر جبر و تشدد کو وہ برداشت کرنے کے قابل نہیں تھی۔ پھر میں نے کہا کہ چونکہ اس کو بہ آسانی یہاں پر ملازمت نہیں مل رہی ہے تو دعا کرو کہ خلیج میں کہیں مل جائے تو مڈ بھیڑ کے مواقع کم ہو جائیں گے۔ مگر وہ باہر ملازمت نہیں کرنا چاہتا تھا۔ لڑکی نے کہا کہ اس نے اس سے کہا کہ وہ اُس کی مرضی کے مطابق اس کے گھر میں کپڑے پہنے گی مگر دفتر اور اپنے گھر میں اُس کو اپنی مرضی کے مطابق رہنے کی آزادی ہونی چاہئے تو اس نے مراسلت منقطع کر دیا۔

میں نے مشورہ دیا کہ اب موقع آ گیا ہے کہ اس معاملے کو بزرگوں میں شادی سے پہلے لیجانا چاہئے اور اس پر باہمی گفتگو ہونی چاہئے۔ چنانچہ یہ لوگ ایسا ہی کئے اور اُس کے بعد ایسا محسوس ہوا کہ لڑکے کا رویہ کچھ نرم پڑ رہا تھا۔ کم از کم اتنا تو ہوا کہ یہ بات دونوں میں رہنے کے بجائے پورے خاندان والوں کے علم میں آ گئی اور اس بات کا بھی اظہار ہو گیا کہ لڑکی اس رویے سے ناخوش ہے۔ ظاہر ہے اس کا کچھ اچھا ہی اثر ہو گا۔ یہی بڑے پیچیدہ مسائل ہیں جو آج کل کی شادیوں میں دیکھے جا رہے ہیں۔ اس کو سمجھنا چاہئے اور چونکہ والدین مل ملا کر رشتہ منتخب کرتے ہیں تو ان اُلجھن پیدا کرنے والے مسائل پر بھی شادی سے پہلے غور کر لیا جائے تو بعد میں کشید گیاں کم ہو سکتی ہیں۔

مزاجوں کی موزونیت پر غور کرنا چاہئے۔ لوگوں کو خاص طور سے لڑکی والوں کو خدشہ لگا رہتا ہے کہ زیادہ کریدنے سے اگر کوئی غیر موزوں بات سامنے آ جائے تو رشتہ

برقرار نہیں رہے گا۔ میں نے لڑکی اور اُس کی ماں سے کہا کہ وہ بزرگوں کے سامنے یہ بات بھی رکھ دیں کہ شادی کے بعد دو سال تک کم از کم اولاد نہیں ہونی چاہیے۔ کافی غور و خوض کے بعد میں یہ بات کہہ رہا ہوں۔ دو سال کے اندر میاں بیوی ایک دوسرے کو سمجھنے لگیں گے اور دونوں خاندانوں کے درمیان خوشگوار تعلقات رہنے لگیں گے۔ آج کل کی تعلیم یافتہ لڑکیوں کے مزاج کو اگر اُن سے شادی کے خواہاں لڑکے اور اُن کے خاندان والے نہ سمجھیں تو غیر ضروری اختلافات اور علیحدگیاں شروع ہو سکتی ہیں۔ تمام مسائل یکساں نہیں ہوا کرتے ہیں اس لئے ان بے جوڑ رشتوں کے لئے کوئی ایک حل نہیں ہوتا ہے۔ ہر فرد جداگانہ شخصیت کا حامل ہے اس کو سمجھنا ضروری ہے۔

The dilemma of relationship. Essay: Dr. Majeed Khan

***

۲

فائق باپ کی لائق اولاد

رؤف خیر

اردو ادب کے بعض مشہور و ممتاز ادیبوں شاعروں کے ساتھ ان کے اپنے بیٹوں کے "حسنِ سلوک" کے چند عبرت خیز واقعات کسی فلم کی کہانی پر مشتمل نہیں بلکہ حقیقت پر مبنی ہیں۔

عامر خان نے اپنے ٹی وی سیریئل ستیمے وجیتے میں چند عام ماں باپ کو پیش کیا تھا جنھیں بے یار و مددگار چھوڑ دیا گیا تھا۔ یہاں چند خاص مستند شخصیات کے ساتھ ان کی اولاد کے رویّے کا مصدقہ ذکر کیا جا رہا ہے۔

نریش کمار شاد پہلے لاہور ہی میں رہتے تھے۔ وہ اپنے وطن سے نسبت کر کے خود کو شاد نکودری لکھا کرتے تھے۔ ان کے باپ درد نکودری پختہ اور عروضی قسم کے شاعر تھے تقسیم کے بعد دونوں باپ بیٹے انڈیا آگئے تھے۔ ایک مشاعرہ سندور میں ہوا جہاں نریش کمار شاد نے قتیل شفائی کو اپنے باپ درد نکودری سے ملوایا تھا۔

قتیل شفائی نے اپنی خودنوشت "گھنگھرو ٹوٹ گئے" میں شاد اور دردؔ کی بڑی عبرت انگیز روداد بیان کی ہے کہ "باپ بیٹے دونوں بیٹھے پی رہے تھے اور ایک دوسرے کو ڈال ڈال کر پلا بھی رہے تھے شاد نے اپنے والد سے قتیل کو ملواتے ہوئے کہا: "یہ میرے والد

ہیں درد نکودری۔ آپ نے ان کا نام سنا ہوگا"

قتیل نے کہا: "بالکل سنا ہے۔ اچھے شعر کہہ لیتے ہیں "

باپ بولا: "قتیل صاحب۔ میں جیسا بھی شاعر ہوں۔ مجھے فخر ہے کہ میں نے ایک اچھا شاعر پیدا کیا ہے۔ میرا بیٹا آپ کے سامنے ہے"

نریش کمار شاد کہنے لگے "دیکھو قبلہ والد صاحب! آپ اس کا کریڈٹ نہ لیجئے۔ آپ اپنی شاعری کی بات کیجئے۔ مجھے آپ نے شاعر پیدا نہیں کیا تھا۔ میں پیدا ہو گیا تھا اور شاید آپ ہی نے پیدا کیا ہے لیکن شاعر میں خود بنا ہوں۔ یہ کریڈٹ آپ نہ لیجئے۔"

باپ نے کہا "تو بہت بد تمیز ہو گیا ہے۔ باپ سے اس طرح بات کی جاتی ہے۔"

شاد نے کہا "آپ بیٹے کے کمائے ہوئے نام میں حصہ دار بننا چاہتے ہیں"

چنانچہ اس بات پر دونوں میں لڑائی ہو گئی۔ باپ نے بیٹے کو تھپڑ مار دیا اور بیٹے نے باپ کو گریبان سے پکڑ لیا اور ہم (قتیل) نے بڑی مشکل سے انھیں چھڑایا۔ جب ایک شرابی کی انا غلط راستہ اختیار کر لیتی ہے تو اس کا ہاتھ باپ پر بھی اٹھتا ہے۔ یہ ہاتھ ایک شرابی کا نہیں بلکہ ایک شاعر کی انا کا ہاتھ تھا جو غلط راستے پر چل نکلی تھی۔" (گھنگھرو ٹوٹ گئے)

پاکستان کے مشہور شاعر و ادیب جمیل یوسف نے ماہ نامہ "الحمراء" لاہور، اپریل ۲۰۱۳ء میں "بجنگ آمد" کے مصنف کرنل محمد خان کے بارے میں ایک دردناک واقعہ بیان کیا ہے۔ جب کرنل صاحب نے چک لالہ سکیم نمبر III راولپنڈی میں اپنا عالی شان مکان بنوا لیا تو پنڈی کلب کی رہائش سے اس نو تعمیر شدہ مکان میں منتقل ہو گئے۔ اپنے آخری دنوں میں انھوں نے اپنا وہ نیا مکان امریکہ میں مقیم اپنے اکلوتے بیٹے کے نام ہبہ (GIFT) کر دیا۔ (اور GIFT DEED اپنے بیٹے کو بھیج دیا۔) دو تین ماہ کے اندر ہی

بیٹے نے وہ مکان اپنی بیوی کے نام منتقل کر دیا۔ کرنل صاحب کی بہو نے اپنے چند لوگوں کے ساتھ آ کر انھیں گھر سے نکلنے پر مجبور کر دیا تاکہ اسے کرائے پر چڑھا کر چالیس پچاس ہزار روپے ماہانہ کرایہ وصول کر سکے۔ کرنل صاحب نے فون پر بہو کی شکایت کی تو اس زن مرید بیٹے نے معذوری ظاہر کرتے ہوئے کہا:

"ابّا جی میں نے غلطی سے مکان اس کے نام منتقل کر دیا ہے۔ اب وہ کہتی ہے میں مکان کی مالک ہوں جو چاہوں کروں۔ وہ میرے کہنے میں نہیں ہے۔ اور نہ میری بات سنتی ہے۔ میں اب کیا کر سکتا ہوں"

جناب جمیل یوسف نے یہ بھی لکھا کہ کرنل محمد خان نے اس ناگفتہ بہ صورتِ حال اور بہو کے اپنے اس مکان پر قبضہ کرنے کی نیت کا اظہار اپنے دوست بریگیڈیئر اسمٰعیل صدیقی سے فون پر کیا۔ گھر کے لان میں بہو مکان پر قبضے کے لیے اپنے چند حواریوں کے ساتھ موجود تھی جب کہ کرنل نے گھر میں گھس کر دروازہ اندر سے بند کر لیا تھا۔ اندر ہی سے اپنے دوست کو فون کر کے بلایا۔ بریگیڈیئر اسمٰعیل صدیقی آئے اور کرنل محمد خان کو اپنے گھر لے گئے کیونکہ بہو قانونی طور پر مکان کی حقدار ہو چکی تھی۔

ظاہر ہے بہو اور بیٹے کے اس رویے سے کرنل صاحب کو سخت صدمہ پہنچا جو جاں کاہ ثابت ہوا اور ان کی صحت تیزی سے بگڑنے لگی۔ اسی صدمے کے اثر سے وہ فالج کا شکار بھی ہوئے۔ کرنل محمد خان نے اپنی زندگی کے آخری دن چک لالہ III راولپنڈی ہی میں بیٹی کے ہاں بسر کیے جہاں جمیل یوسف نے آخری بار ان سے ملاقات بھی کی تھی۔

(ماہنامہ الحمراء۔ لاہور۔ اپریل ۲۰۱۳ء)

سر سید احمد خان کے ساتھ بھی ایسی ہی کچھ صورتِ حال پیش آئی تھی۔ ان کے فرزند ارجمند جسٹس محمود نے انھیں اپنی حویلی سے نکال دیا تھا۔ سر سید ایک صندوق لے

کر سڑک پر کھڑے ہوئے تھے کہ ان کے ایک قریبی دوست اسمعیل صاحب کا ادھر سے گزر ہوا۔ انھیں سر سید نے بتایا کہ ان کے بیٹے نے انھیں بے گھر کر دیا ہے تو وہ سر سید کو اپنے گھر لے آئے۔ سر سید کہتے تھے اتنی بڑی یونیورسٹی قائم کرنے والا کیا اپنے لیے ایک جھونپڑی نہیں بنا سکتا تھا۔ پتہ نہیں تھا کہ یہ دن دیکھنے ہوں گے۔ مختصر یہ کہ سر سید کو سخت دلی صدمہ پہنچا اور وہ چند ہی دنوں میں انتقال کر گئے۔

لائق اولاد جسٹس محمود کو انتقال کی خبر دی گئی تو اس پر کچھ اثر نہ ہوا۔ سر سید کی تجہیز و تکفین کے لیے ان کا صندوق کھولا گیا تو اس میں سے کچھ نہ نکلا۔ چنانچہ چندے سے میت اٹھانے کا ارادہ کیا گیا۔ سب سے پہلے سر سید کے قریبی دوست محسن الملک سے رجوع کیا گیا تو انہوں نے پچاس روپے چندہ دیا یہ کہہ کر کہ یہ آخری چندہ ہے۔ اسی رقم سے سر سید کی موت مٹی کی گئی۔

علامہ اقبال کے لائق و فائق فرزند جسٹس ڈاکٹر جاوید اقبال نے اپنی خود نوشت سوانح عمری "اپنا گریباں چاک" (مطبوعہ سنگِ میل پبلی کیشنز لاہور نیا اضافہ شدہ ایڈیشن ۲۰۰۶ء) میں صاف گوئی سے کام لیتے ہوئے فرقہ ملامتیہ کے فرد کی طرح بیان کیا:

"والد (اقبال) کی وفات کے بعد میں ان کے نافذ کردہ ڈسپلن DISCIPLINE سے آزاد ہو گیا۔ جن باتوں سے انھوں نے منع کر رکھا تھا میں نے بڑی رغبت سے ان میں سے ہر ایک کو اپنایا۔ صحیح و غلط میں سے غلط اور نیکی و بدی میں بدی کا راستہ منتخب کرنا بہتر سمجھا۔ اگر سر شام گھر میں رہنے کا حکم تھا تو میں آدھی رات سے پہلے گھر میں قدم نہ رکھتا تھا۔ اگر سنیما دیکھنا منع تھا تو ہر روز دو دو بلکہ تین تین شو دیکھتا۔ روزمرہ کے باورچی خانے کا حساب لکھتے وقت پیسوں میں گھپلا کرتا۔ رنگ برنگی ریشمی قمیصیں، مہنگے ولایتی بوٹ اور یورپی انداز کے سلے ہوئے سوٹ، نک ٹائیاں، اوور کوٹ، دستانے اور فیلٹ ہیٹ زیب

تن کرتا۔ مئے نوشی، یورپی طرز کے رقص اور رات کے کھانے کے لیے معروف جگہوں پر جاتا۔"

اور تو اور جاوید اقبال کو بہت گراں گزرتا ہے جب لوگ انھیں علامہ اقبال کے حوالے سے یاد کرتے ہیں۔ ان کی انا کو ٹھیس لگتی ہے۔ انہوں نے کتاب کے پیش لفظ میں صاف صاف لکھا:

"بچپن میں باپ کے حوالے سے پہچانا گیا تو میں نے برا نہیں مانا کیونکہ مجھے علم ہی نہیں تھا کہ وہ کون ہیں اور کیا کرتے ہیں۔

جوان ہوا تب بھی باپ کے حوالے سے پہچانا گیا۔ یہ میرے لیے پدرم سلطان بود کی بناء پر فخر کا مقام تھا۔

زندگی میں اچھا برا مقام پیدا کیا تب بھی باپ کے حوالے سے پہچانا گیا تو مجھے برا لگا۔ یہ میری "انا" کی نشوونما میں مداخلت تھی۔

اب بوڑھا ہو چکا ہوں، تب بھی باپ کے حوالے سے میری شناخت ہوتی ہے۔ عجیب اتفاق ہے میرے والد کے پرستاروں نے مجھے بڑا ہونے نہیں دیا۔"

علامہ اقبال سے تعلق کو اعزاز کے بجائے بوجھ سمجھنے والے جسٹس ڈاکٹر جاوید اقبال جو کچھ ہیں THANKS TO IQBAL ہی تو ہیں۔ خودنوشت سوانح عمریاں تو بے شمار لکھی گئیں مگر خریدنے والا یہ سوچ کر خریدتا ہے کہ علامہ اقبال کے بیٹے نے آخر کیا لکھا ہے۔

جگن ناتھ آزاد کو سلام کرنے کو جی چاہتا ہے وہ بجائے خود کیسے ہی شاعر کیوں نہ رہے ہوں، علامہ اقبال کے حوالے سے پہچانے جانے پر نازاں تھے۔ انھیں اقبال کا بیشتر کلام ازبر بھی تھا۔ اک ایسے وقت جب کہ ہندوستان میں اقبال کا نام لینا بھی جرم سمجھا جاتا

تھا جگن ناتھ آزاد نے سرکاری سطح پر علامہ اقبال کی شاعرانہ حیثیت کا احساس کروایا۔ "سارے جہاں سے اچھا ہندوستاں ہمارا" کو ترانۂ ہندی کا درجہ دلایا جو آج بھی برقرار ہے۔

علامہ اقبال کے بے حد قریبی دوست سر شیخ عبدالقادر مدیر "مخزن" کے بیٹے کا بھی یہی حال ہے۔ خود نوشت سوانح عمریوں میں ایک اور شخص کا ذکر انتظار حسین نے کیا ہے جو اپنے باپ کے نام سے بدکتا تھا۔ وہ سر شیخ عبدالقادر کے لائق صاحب زادے ریاض قادر تھے"

(ماہ نامہ الحمراء لاہور مارچ ۲۰۱۳ء)۔

مجھے نہیں معلوم ریاض قادر کی ادبی حیثیت کیا ہے جب کہ سر شیخ عبدالقادر کو ادب کا ہر طالب علم جانتا ہے۔

اکبر الہ آبادی نے نئی تعلیم کی مخالفت کے باوجود اپنے بیٹے عشرت حسین کو بہ صرف زر کثیر اعلیٰ تعلیم کے لیے ولایت بھیجا تھا اور وہاں جا کر جب لائق فرزند نے ماں باپ ہی کو بھلا دیا تو ایک طنزیہ قطعہ (بیٹے سے خطاب) لکھ کر انھیں احساس دلانے کی کوشش کی تھی۔

عشرتی گھر کی محبت کا مزہ بھول گئے
کھا کے لندن کی ہوا عہدِ وفا بھول گئے
پہنچے ہوٹل میں تو پھر عید کی پروا نہ رہی
کیک کو چکھ کے سویوں کا مزہ بھول گئے
بھولے ماں باپ کو اغیار کے چرچوں میں
وہاں سایۂ کفر پڑا نورِ خدا بھول گئے

موم کی پتلیوں پر ایسی طبیعت پگھلی
چمنِ ہند کی پریوں کی ادا بھول گئے
کیسے کیسے دلِ نازک کو دکھایا تم نے
خبرِ فیصلۂ روزِ جزا بھول گئے
بخل ہے اہلِ وطن سے جو وفا میں تم کو
کیا بزرگوں کی وہ سب جود و عطا بھول گئے
نقلِ مغرب کی ترنگ آئی تمہارے دل میں
اور یہ نکتہ کہ مری اصل ہے کیا بھول گئے
کیا تعجب ہے جو لڑکوں نے بھلایا گھر کو
جب کہ بوڑھے روِش دینِ خدا بھول گئے

نئی تعلیم کی تحریک چونکہ سر سید احمد خاں نے چلائی تھی اس لیے آخری شعر میں ان پر بھی چوٹ ہے۔

ایک روایت یہ بھی ہے کہ عشرت حسین مغربی تعلیم حاصل کرنے کے وجہ سے مشرقی تہذیب والوں کو چشم کم سے دیکھتے تھے۔ ایک موقع پر ایک مغربی تہذیب یافتہ دوست نے قلندرانہ ہئیت کذائی والے اکبر الہ آبادی کی طرف اشارہ کرکے عشرت حسین سے پوچھا:

WHO IS THAT FELLOW ? (یہ کون شخص ہے؟)

عشرت حسین نے ٹالنے والے انداز میں جواب دیا:

HE IS MY FRIEND(وہ میرے دوست ہیں)

الہ آباد کے جج اکبر الہ آبادی نے صراحت کر دی۔

I AM NOT HIS FRIEND - I AM HIS MOTHER'S FRIEND

(میں اس کا دوست نہیں بلکہ اس کی اماں کا دوست ہوں)

صفیہ اختر کو تڑپنے کے لیے بھوپال میں چھوڑ کر ایک دوسری عورت کے ساتھ جاں نثار اختر ممبئی میں مزے اڑا رہے تھے۔ کم سن جاوید اختر کے دل میں اپنے باپ کے لیے کچھ اچھے جذبات نہیں رہ گئے تھے۔ وہ ساحر لدھیانوی سے مالی مدد حاصل کرتے تھے مگر اپنے باپ جاں نثار اختر سے قطع تعلق کر رکھا تھا حالانکہ جاں نثار بھی ساحر کے گھر پر ہی پڑے رہتے تھے مگر جاوید ان سے ملنا بھی گوارا نہیں کرتے تھے۔

اپنی جد و جہد کے دور میں باپ کے نام کو کیش CASH کروانے کی جاوید نے گلبرگہ و مدراس میں کوششیں بھی کیں۔ چنانچہ جاں نثار اختر نے بعض اخبارات و رسائل میں یہ اعلان چھپوا دیا کہ کوئی لڑکا اپنے آپ کو ان کا بیٹا بتا کر ادبی برادری کو ٹھگ رہا ہے۔ اس سے ہوشیار رہا جائے۔

پھر ایک دن وہ بھی آیا کہ اپنی شرطوں پر فلمی دنیا کا استعمال کرنے والے جاوید اختر نے اپنی کسی بھی فلم کے گانے جاں نثار اختر سے نہیں لکھوائے۔

وہ گوشۂ گم نامی میں مرے۔

مخفی مباد کہ علامہ اقبال نے بھی اپنے بڑے بیٹے آفتاب اقبال سے براءت کا اسی طرح اعلان کیا تھا جب وہ انگلستان میں زیر تعلیم تھے اور سر اکبر حیدری سے اپنے تعلیمی اخراجات کے سلسلے میں تعاون کے درخواست گزار ہوئے تھے۔ انگلستان میں سر اکبر حیدری نے آفتاب کی کچھ مدد بھی کی تھی۔ بعد میں باپ بیٹے میں مصالحت کروانے کے

جتن بھی کیے تھے۔

بہار کے ایک سخن ور دوراں جو کمیونسٹ تھے اپنے گھر والوں پر بڑا ظلم کیا کرتے تھے۔ انھیں یہ اندیشہ ہی نہیں تھا کہ ان کا وہ بیٹا جسے وہ پیٹا کرتے تھے کچھ لکھ پڑھ لے گا اور بہ اندازِ جمال باپ کے جلال کی کہانی لکھ ڈالے گا اور ایک ہفتہ وار میں چھپوا بھی دے گا بھلے ہی اپنے نام کے ساتھ باپ کے نام کی نسبت کا لاحقہ بھی رکھے گا۔

حیدرآباد کے مشہور و ممتاز افسانہ نگار اقبال متین اپنے دو بیٹوں کے ساتھ ایک فلیٹ میں رہتے ہیں جس کا کرایہ چھ ہزار روپے ماہانہ ہے۔ دونوں بیٹے بیرون ملک کمار ہے ہیں۔ فلیٹ کا کرایہ دونوں بیٹے ہر ماہ دو دو ہزار روپے بھیجا کرتے ہیں باقی کے دو ہزار روپے اقبال متین ادا کرتے ہیں۔ یہ بات خود اقبال متین نے مجھے بتائی اور اپنا ایک دردناک مطلع بھی سنایا:

وہ ایک سچ مرے مولا مگر نہیں جاتا
مرا قصور یہی ہے کہ مر نہیں جاتا

The descendants of eminent fathers. Essay: Raoof Khair

***

۳

شرافت و قابلیت - ایک نایاب نسخۂ کیمیا

زبیر حسن شیخ

شرافت کی تعریف عام بول چال کی زبان میں یوں تو بڑی سادہ اور آسان سی ہے لیکن فی الحقیقت اس میں گہرے رموز و نقاط پوشیدہ ہیں اور یہ ایک وسیع المعنی صفت ہے- صفت شرافت کسبی ہے یا وہبی، عارضی ہے یا مستقل، محتاج تصدیق ہے یا محتاج تفتیش، ان سب کا دارو مدار شخصیت، حالات اور واقعات پر ہوتا ہے- اس میں کوئی شبہ نہیں کہ انفرادی طور پر انسان کے لئے اور اجتماعی طور پر خاندان، جماعت، معاشرہ، ملک اور من جملہ نظام حیات کے لئے شرافت کا کوئی نعم البدل نہیں- لیکن اس حقیقت سے بھی انکار نہیں کیا جاسکتا کہ شرافت فی نفسہ نظام حیات کے کامیاب نفاذ کے لئے تنہا اکسیر ثابت نہیں ہوسکتی اور قابلیت یا اہلیت کی محتاج رہتی ہے- اور یہی حقیقت قابلیت کی بھی ہے کہ وہ بنا شرافت غیر مکمل، ناپائیدار، غیر مثبت اور نقصاندہ ثابت ہوسکتی ہے- کارخانۂ حیات کے جاری وساری رہنے کے لئے مختلف اقسام کی قابلیت و اہلیت درکار ہے، مختلف اداروں اور تنظیموں کے لئے لاکھوں اقسام کے قابل اہل علم و فن کی خدمات درکار ہیں، اور قابلیت اور اہلیت کے بغیر اس کارخانہ حیات کا عروج اور تہذیبی ارتقا کا تصور بھی محال ہے - بایں ہمہ، نظام حیات کے کامیاب نفاذ اور کارخانہ حیات میں مثبت نتائج پیدا کرنے کی

یقین دہانی صفت قابلیت نہیں کر سکتی، اور نہ ہی عدل و انصاف اور بھلائی کی یقین دہانی کر سکتی ہے، ایسی یقین دہانی کے لئے شرافت کا ہونا اشد ضروری ہے، تاکہ قابلیت سے پیدا ہونے والے ممکنہ منفی اثرات سے انسانیت کی حفاظت ہو، انسانی تہذیب و تمدن کو عزت و وقار حاصل ہو، اور قابلیت سے پیدا ہونے والے منفی اثرات کو شرافت سے مثبت کر لیا جائے، کیونکہ یہ کمال صفت صرف شرافت میں پائی جاتی ہے- وقار و احترام سے عاری تہذیبی ارتقا کا ثبوت موجودہ مادی دور میں ہر جگہ نظر آتا ہے جو خالص قابلیت اور اہلیت کی بنیاد پر رواں دواں ہے، اور جو نتائج سے بے خبر، بے پرواہ، اور تمام تر برائیوں سے لیس ہے- اس ترقی کی رفتار بھی دن بدن تیز تر ہوتی جارہی ہے اور بے قابو بھی- اب اسے قابو میں کرنے کے لئے شرافت کا اعلی تناسب از حد ضروری ہو گیا ہے، اور یہ جتنا زیادہ ہوگا اتنی ہی قابلیت کو کامیابی حاصل ہو گی اور مثبت نتائج بر آمد ہونگے، اور جو عدل و انصاف پر مبنی ہونگے-

تاریخ اور لغت کے اعتبار سے صفت شرافت مفرد اور مرکب دونوں طرح مستعمل رہی ہے اور اس کے معنی شریف النفسی، بزرگی، اچھائی، نیکی سے لئے جاتے ہیں اور کئی دیگر صفات کی اس سے مطابقت بھی ثابت ہے، جیسے رحمدلی، انسانیت، رواداری، ایمانداری، حلم، پرہیز گاری، زہد و تقوی، بے غرضی، حسن اخلاق وغیرہ.... ادبی نقطہ نظر سے شرافت طنز و مزاح، تشبہ اور بطور استعارہ بھی مستعمل ہے- مذہبی عقاید اور آسمانی صحائف کے مطابق شرافت کی صفت یوں تو انسان میں ودیعت کردہ ہے اور انسان پیدائیشی طور پر شریف النفس واقع ہوا ہے، اور شرافت کے بیج اسکی زرخیز مٹی کا حصہ ہیں، صرف انسان کو اسکی آبیاری اور اسے پروان چڑھانے اور پھیلانے کی ضرورت ہے اور اس کا انسان کو مکمل اختیار دیا گیا ہے- بے شمار معلوم و غیر معلوم صفات کی بنا پر انسان

اشرف المخلوقات کہلاتا ہے، جس میں صفت شرافت بشمول مذکورہ بالا تمام معنوں کے شامل ہے- دیگر کئی ودیعت کردہ صفات کی طرح صفت شرافت بھی انسان کو دیگر مخلوقات سے ممیز کرتی ہے- جمادات اور جانوروں میں صفت شرافت کے پائے جانے کے امکانات غیر منطقی ہیں گرچہ بطور تمثیلات اس کا اطلاق جانوروں کی صفت بیان کرنے میں بھی کیا جاتا ہے- اسی طرح شیطان میں بھی شرافت کا وجود بے معنی اور غیر منطقی ہے اور شیطانیت شرافت کی ضد واقع ہوئی ہے- گرچہ آسمانی صحائف سے اس بات کا اشارہ ملتا ہے کہ شیطان اپنے وجود کے ابتدائی دور میں شرافت کا حامل رہا ہوگا، اور پھر تکبر، حسد اور نافرمانی جیسی خامیوں کے باعث شرافت کا وصف اس سے جاتا رہا ہوگا، اور پھر وہ کبھی اس وصف سے بہرہ مند نہ ہوسکا ہوگا، بلکہ اپنی ضد میں صفت شرافت کی ضد ثابت ہوگیا- اس سے یہ نکتہ بھی سامنے آتا ہے کہ شرافت کی پرورش ضروری ہے اور یہ ودیعت کردہ وصف مذکورہ خامیوں کی بنا پر زائل بھی ہوسکتا ہے- شیطان کے علاوہ وہ ماورائی مخلوق جو انسانوں کی طرح قضاوقدر، اور اختیار وجوابدہی سے مستثنیٰ نہیں ہیں ان میں شرافت کا پایا جانا ممکن ہی نہیں بلکہ ضروری ہے- مخلوقات کی دو قسم ایسی ہے جن میں ایک ملائکہ اور دوسرے انسان، جن پر شرافت کی صفت کا اطلاق اتم ہوتا ہے، اور جس کی بنا پر یہ دونوں تمام مخلوقات میں افضل قرار دئے جاتے ہیں -ان میں انسان ملائکہ سے افضل قرار دیا گیا ہے لیکن اس افضلیت کا اطلاق انفرادی طور پر نہیں بلکہ مجموعی طور پر ہوتا ہے- عموماً کوئی انسان تن وتنہا اس افضلیت کا دعویدار نہیں ہوسکتا، الا اسکے کہ کوئی اپنے اندر وہ تمام خصوصیات رکھتا ہو جو اشرف المخلوقات ہونے کی کسوٹی پر پوری اترے-

قابلیت بھی ایک وسیع المعنی صفت ہے لیکن برعکس شرافت کے محدود اثرات کی

حامل ہے، گرچہ یہ ہر ایک نقطہ نظر سے کسبی ہے اور شدید خواہشات، محنت و مشقت، مسلسل لگن، علمیت، صلاحیت، تجربہ، پیشہ، عبور، مشاقی کی آئینہ دار ہوتی ہے- ہر ایک مخلوق میں اسکے حصول اور فروغ کا مادہ رکھا گیا ہے اور اس کی چند اقسام ایسی بھی ہے جو موروثی ہے، اور نسل در نسل فروغ پاتی ہے- شیطان کی مذکورہ مثال سے یہ بھی ثابت ہوتا ہے کہ شیطانیت بھی اپنے اندر قابلیت رکھتی ہے مگر منفی اور نقصان دہ رکھتی ہے- صفت قابلیت منفی یا مثبت ہو سکتی ہے اور اسی مطابقت سے اپنا اثر بھی قائم کرتی ہے جبکہ صفت شرافت فی نفسہ منفی نہیں ہوتی اور صرف اور صرف مثبت اثر رکھتی ہے، بلکہ اس کا اعلی تناسب منفی قابلیت کو بھی مثبت بنا دیتا ہے...... اور یہی وہ کیمیا ہے جو کارخانہ حیات میں مثبت اور دیرپا کامیابی کی دلیل ہے، پھر چاہے اس کا استعمال نظام مملکت یا سیاست کے لئے ہو یا نظام خاندان کے لیے یا دین ومذہب کے لئے یا نظام تعلیم و تدریس کے لئے یا پھر تجارت کے لئے- اس نقطہ نظر سے ظاہر ہے یہ مرکب جرائم اور گناہ اور منفی اعمال کو انجام دینے میں موثر نہیں ہو سکتا، بلکہ یہ مرکب منفی اثرات کو زائل کر مثبت اثرات پیدا کر سکتا ہے- یہ امر بھی قابل غور ہے کہ مذکورہ دونوں صفات میں سے کوئی ایک صفت اکسیر اعظم یا نسخہ کیمیا نہیں ہو سکتی- شرافت بنا قابلیت مثبت کامیابی کے بے حد قلیل امکانات رکھتی ہے مگر مکمل ناکامی کے امکانات بلکل بھی نہیں رکھتی جبکہ قابلیت بنا شرافت بھلے ہی کامیابی کے امکانات رکھتی ہو لیکن نقصان دہ کامیابی کے امکانات زیادہ رکھتی ہے- شرافت و قابلیت کی کیمیا اکسیر ہوتی ہے اور بہترین اور دیرپا نتائج بر آمد ہوتے ہیں اور قرون خیر کی تاریخ اس نسخہ کیمیا کی گواہ ہے-

تمہید کے پس منظر میں یہ بات واضح ہو جاتی ہے کہ فی الحقیقت شرافت و قابلیت ایک نسخہ کیمیا اور اکسیر اعظم ہے- لیکن سوال یہ ہے کہ یہ موجودہ دور میں نایاب کیوں

ہے، خاصکر جب یہ انسانی تہذیبی ارتقا کا سب سے سنہرا دور کہلایا جاتا ہے؟ قابلیت کے منفی اثرات سے ہی آج کارخانہ حیات میں فتنہ و فساد برپا ہے اور اس کا سد باب کیا جانا ضروری ہے- قابلیت شرافت کی محتاج نہیں ہوتی لیکن نظام حیات کے نفاذ کے لئے صرف قابلیت پر انحصار کرنا خطرناک ہے، اور اس کا ثبوت تہذیب جدیدہ میں مختلف صورتوں میں نظر آتا ہے، کہیں قابلیت کو شرافت بنا کر پیش کیا جاتا ہے اور کہیں شرافت کو قابلیت -ان متضاد کیفیات اور حالات سے منفی نتائج ظاہر ہو رہے ہیں- غور طلب بات یہ ہے کہ تہذیب جدیدہ میں شرافت یا شریف آدمی کی جو تعریف پیش کی گئی ہے وہ بے حد محدود ہے، اوراس میں اخلاق، بناؤ سنگھار، برتاؤ اور دکھاوے کے آداب اور خوش گفتاری کا زیادہ دخل ہوتا ہے اور روحانیت کا عمل دخل نہ ہونے کے برابر ہوتا ہے- کہیں اہلیت اور قابلیت کے کڑے پیمانے ہیں اور جس سے سمجھوتہ نہیں کیا جاتا اور کہیں شرافت کے سخت پیمانے ہیں اور جن سے سمجھوتہ بہ آسانی کر لیا جاتا ہے-

عالمیت اور جہانگیریت کے اس نام نہاد مادی دور میں یوں تو نظام حیات کی اکثر و بیشتر ضروری اشیاؤں کو اور مختلف اصول وضوابط کو ایک عالمی معیار اور پیمانہ عطا کیا گیا ہے، اور اس میں قابلیت اور اہلیت کے پیمانے بھی شامل ہیں، لیکن شرافت کا عالمی پیمانہ یا ایک عالمی کسوٹی متعارف کرنے سے احتراز برتا گیا ہے، جبکہ اس کا ہونا بے حد ضروری ہے- افسوس کہ یہ کسوٹی موجود نہیں ہے اور جس کی وجہ سے آج کارخانہ حیات کے اکثر زمرے، اکثر شعبے اہلیت اور قابلیت پر منحصر ہیں، اور جن میں شرافت کا یا تو عنصر بلکل بھی موجود نہیں ہے یا پھر موجود ہے تو وہ تناسب موجود نہیں جو مثبت نتائج فراہم کرے- اور جس کا انجام آج دنیا دیکھ رہی ہے- اسکی بہت سی وجوہات ہیں لیکن ایک خاص وجہ یہ کہ صفت شرافت کو عقائد اور اخلاقیات کی کسوٹی پر پرکھا نہیں جاتا بلکہ دولت، حکومت،

سیاست اور تجارت کے ترازو میں تولا جاتا ہے - جس کا یہ نتیجہ ہوا ہے کہ شرافت کا روحانیت سے کوئی سروکار نہ رہا اور یہ مادیت کے پیمانوں پر اسقدر تولی جاچکی ہے کہ اپنی اصلیت اور اپنا رنگ وروپ کھو چکی ہے اور اب نئی نسلوں کو یہ غلط رنگ میں نظر آرہی ہے-

کارخانہ حیات کے مختلف شعبوں میں شرافت و قابلیت کی کیمیا کا اگر اجمالی تجزیہ کیا جائے تو محسوس ہوتا ہے کہ انسانی تہذیبی ارتقا کس سمت گامزن ہے - حکومت و سیاست میں شرافت کا تناسب نہ کے برابر ہے اور قابلیت اور اہلیت دونوں کی جدید تعریف لکھ دی گئی ہے، جس کے نتائج اظہر من الشمس کی طرح عیاں ہیں - میدان تجارت میں قابلیت واہلیت کا تناسب بے حد قوی ہے اور شرافت کو مسخ کر اسے قابلیت میں ضم کر دیا گیا ہے...... تعلیم و تدریس کے شعبے میں اسقدر انتشار برپا ہے کہ شرافت اور قابلیت میں فرق کرنا محال ہے، اور اس کا یہ اثر ہوا ہے کہ علم و ادب میں وقت کے ساتھ ساتھ شرافت و قابلیت کی تعریف ہی بدل کر رکھ دی گئی ہے، اور ایسے تمام شعبے سیاست کے زیر اثر فروغ پا رہے ہیں جس کے منفی اثرات نظام حیات کے دوسرے حصوں پر بھی نمودار ہو رہے ہیں - فنون لطیفہ اور ذرائع ابلاغ میں کبھی شرافت کو قابلیت بنا کر دکھایا جاتا ہے تو کبھی قابلیت کو شرافت، اور کارخانہ حیات کا یہ شعبہ جو تہذیب جدیدہ کا علمبردار ہوا کرتا تھا اب سیاست و تجارت کا زر خرید غلام ہے، جسکے اثرات گھر گھر نمایاں ہیں، اور جس نے اب گھر کو گھر نہیں رہنے دیا، وہ گھر جو کبھی ابتدائی درس گاہ ہوا کرتے تھے اور جہاں یہ کیمیا گھٹی میں پلائی جاتی تھی، وہاں بلا امتیاز منفی و مثبت اہلیت اور قابلیت کا سبق پڑھایا جاتا ہے - دین و مذہب کے میدان میں شرافت کا تناسب کہیں اتنا حاوی ہے کہ قابلیت کا فقدان نظر آتا ہے اور کہیں ان میں جوار بھاٹا کی سی کیفیت نظر آتی ہے جس

سے قابلیت اور شرافت دونوں بھی عیاں نہیں ہو پاتی- اس پس منظر میں شرافت اور قابلیت انفرادی طور پہ جس طرز سے پروان چڑھ رہی ہے وہ اس مادی دور میں کسی تفصیل کی محتاج نہیں اور شرافت اور قابلیت کا مستقبل تاریک نظر آتا ہے- اس کا سدباب کرنے کے لئے گھریلو تربیت ہی ایک ایسا میدان باقی رہتا ہے جہاں نئے سرے سے شرافت اور اہلیت کی کیمیا کو موثر طور سے پروان چڑھایا جاسکتا ہے، جس کا اثر آنے والے وقتوں میں ایک تدریجی عمل سے گزر کر کارخانہ حیات کے تمام شعبوں میں رفتہ رفتہ نظر آئیگا- لیکن یہ ابتدائی درس گاہ ایسے والدین چاہتی ہے جو معلم اور اتالیق کا کردار بھی نبھائیں، خود تعلیم یافتہ ہوں اور شرافت و قابلیت کے نایاب نسخۂ کیمیا کے حامل ہوں، تاکہ آنے والی نسلوں میں یہ نایاب نسخۂ کیمیا پایا جائے، تاکہ مستقبل میں کارخانہ حیات صرف قابلیت پر منحصر ہو کر نہ رہ جائے-

قابلیت کیا ہے؟ علمیت، تجربہ اور مشاقی کا ظہور
شرافت کیا ہے؟ حسن اخلاق سے ایماں کا عیاں ہونا

Decency and Efficiency, a rare meritorious combination.
Essay: Zubair H Shaikh

***

۴

عمل سے فارغ ہوا مسلماں بنا کے تقدیر کا بہانہ

پروفیسر مصطفیٰ علی سروری

خواجہ بھائی تقریباً ۲ مہینے کی غیر حاضری کے بعد اب دوبارہ پبلک گارڈن میں واک کے لئے آنے لگے تھے، ان کی واپسی پر ان کے ہم عمر دوست احباب نے ان سے دعوت کا مطالبہ بھی کر ڈالا کہ خواجہ بھائی! آپ تو اپنے لڑکے کے ہاں آسٹریلیا جاکر آئے ہیں، اس خوشی میں تو دعوت بنتی ہے۔ دعوت کا اصرار اس لئے بھی کیا جارہا تھا کہ پبلک گارڈن میں مارننگ واک کے لئے آنے والے جس گروپ میں خواجہ بھائی شامل تھے، اسی گروپ کے احمد بھائی اب رمضان المبارک میں اپنے بچے کے ہاں سعودی عرب جانے والے تھے۔

یہ کوئی نیا رجحان نہیں ہے۔ ۴۰ سے ۵۰ سال کی عمر کے ہمارے بزرگوں میں اکثر کے یہی حالات ہیں، جن صاحب نے یہ قصہ سنایا، ان کے مطابق گزشتہ آٹھ برسوں کے دوران احمد بھائی پانچ برس تو رمضان المبارک کے دوران اپنے بیٹے۔ بہو کے ہاں سعودی عرب جاچکے ہیں اور اس گروپ کے دیگر افراد میں بعض احباب دبئی، ایک صاحب لندن اور ایک صاحب ایک سے زائد مرتبہ امریکہ میں اپنے بچوں کے ہاں ہو آئے ہیں۔ پہلے یہ لوگ کیا کام کرتے تھے، کسی کو نہیں بتاتے اور گزشتہ چار پانچ برسوں میں اس گروپ کے درمیان مارننگ واک کے بہانے اچھی خاصی دوستی اور دوستانہ ماحول پروان چڑھ گیا۔

یہاں تک کہ یہ لوگ آپس میں ایک دوسرے کو اپنے گھر کی دعوتیں بھی دینے لگے ہیں جن صاحب نے یہ قصہ سنایا، سارے حالات ویسے ہی ہیں۔ بالکل حقیقت پر مبنی ہاں اگر کچھ تبدیلی کی گئی ہے تو وہ ان افراد کے نام بدل دیئے گئے ہیں۔

اب جب بھی یہ بزرگ حضرات بات کرتے ہیں تو ان کے لئے ضروری ہے کہ وہ اپنے دورۂ آسٹریلیا، سعودی عرب، دبئی، لندن اور امریکہ میں اپنے مشاہدات کا حوالہ ضرور دیتے ہیں۔ گرما کے اس موسم میں ایک مرتبہ یہ گروپ، آئسکریم کھانے بیٹھا تب بھی ہر فرد الگ الگ ملکوں میں اپنے آئسکریم کھانے کے تجربات بیان کرنے لگا۔ جن صاحب نے یہ روداد سنائی ان کے مطابق بظاہر تو ان بزرگوں کے بیرونی دوروں میں کوئی خرابی نہیں ہے لیکن اگر یہ لوگ ان دوروں سے اجتناب کرتے تو شاید ان کے بچوں کے لئے لاکھوں کی بچت ممکن تھی کیونکہ جو بھی بچے باہر گئے ہیں، وہ سیر و تفریح کے لئے نہیں بلکہ حلال طریقہ سے اچھی آمدنی حاصل کرنے اور اچھا کما کر اپنا اور اپنے افرادِ خاندان کا مستقبل محفوظ کرنے کے لئے گئے ہیں۔ ان بچوں نے جب کمانا شروع کیا اور گھر پیسے بھیجنے لگے تو ان کے والدین کے لئے اب وہ کام کرنا معیوب ہو گیا جو کہ وہ کل تک کیا کرتے تھے۔

کیا اس صورتِ حال کے لئے صرف وہی لوگ ذمہ دار ہیں؟ آپ کا کیا خیال ہے؟ آپ کے اطراف و اکناف میں ایسے لوگ نہیں ہے۔ اگر ہیں تو کیا صرف وہی قصوروار ہیں کہ بچے جیسے ہی کمانے لگے۔ انہوں نے کام کاج سے منہ موڑ لیا؟ ہم بھی کہتے ہیں جب کسی کے لڑکے بیرون ملک ملازمت کرنے لگتے ہیں تو ارے حنیف بھائی اب تو آپ کے آرام کرنے کے دن آ گئے، آرام سے کھاؤ پیؤ اور عیش کرو، اب آپ کو دن رات پسینہ بہانے کی کیا ضرورت؟

کوئی بیماری نہیں صرف یہ کہہ کر کام چھوڑ دینا کہ اب بچہ کمانے لگا ہے۔ میں کیوں کام کروں تو بچے کی زندگی کا کیا ہوگا، وہ کب بچت کرے گا، اور بچت نہیں کر سکا تو بچے کو تو مرتے دَم تک کام ہی کرتے رہنا ہوگا۔ نہیں نہیں مجھے ایسا نہیں سوچنا چاہئے، معلوم نہیں مجھے ایسے خیالات کیوں آتے ہیں۔ اگر بچے فرماں بردار اور والدین کے اطاعت گزار ہیں، وہ اپنے والدین کو اپنی خوشی سے بیرونی ممالک بلانا چاہتے ہیں اور بار بار حج و عمرے کے لئے بھیجنا چاہتے ہیں۔ تو میں کون ہوتا ہوں، غلط سوچنے والا۔۔۔

یہ اور ایسے ہی بے شمار خیالات ذہن میں سوار تھے اور پھر ایک دن ہماری نظر پنجاب سے شائع ہونے والے ایک بڑے اخبار "پنجاب کیسری" میں شائع ہونے والی ایک خبر پر پڑی تو فوری ان بزرگ حضرات کے گروپ کا خیال آیا جو کہ پبلک گارڈن میں واک کرتے ہیں اور جن کے متعلق واضح طور پر گروپ میں سبھی کو نہیں معلوم کے ان کے بچوں کے باہر جانے سے پہلے یہ لوگ کیا کام کرتے ہوں گے، اگر کوئی اعلیٰ عہدے پر فائز رہے ہوں گے تو ضرور فخریہ طور پر اس کا بھی ذکر کرتے تھے، ویسے بھی یہ بات واضح کرنا ضروری ہے کہ ہر کام، کام ہی ہوتا ہے، چھوٹا یا بڑا نہیں ہاں چھوٹی تو سوچ ہوتی ہے اور یہی چھوٹی سوچ ہمارے مسلم سماج کو اندر ہی اندر دیمک کی طرح کھائے جا رہی ہے۔

۷ جون ۲۰۱۴ء کو "پنجاب کیسری" نے ایک زبردست خبر شائع کی جس کی سُرخی تھی "بیٹا! سانسد (رکن پارلیمنٹ) بن گیا پر جوتیاں بنانی نہیں چھوڑی"۔ خبر کی تفصیلات کے مطابق ریاست ہریانہ کے حلقہ لوک سبھا انبالہ سے رتن لال کٹاریہ دوسری مرتبہ کامیابی حاصل کرتے ہوئے پارلیمنٹ کے رکن بن گئے ہیں، ان کا تعلق بی جے پی سے ہے۔ رتن لال کٹاریہ کے والد جیوتی رام آج بھی بقید حیات ہیں اور بدستور اپنا آبائی پیشہ اپنائے ہوئے ہیں۔ جی ہاں! جیوتی رام ایک موچی ہیں اور ان کے چار بیٹے ہیں۔ "پنجاب

کیسری" کے ٹیلی ویژن چینل سے بات کرتے ہوئے جیوتی رام کہتے ہیں کہ موچی کے طور پر مزدوری کرتے ہوئے میں نے اپنے چاروں بیٹوں کو پڑھایا لکھایا اور بڑا بنایا مجھے فخر ہے کہ میں نے رتن لال کٹاریہ کو بی اے، ایم اے اور پھر ایل ایل بی کروایا۔ اب میرا بیٹا پارلیمنٹ کا رکن بن گیا ہے اور مجھے اپنے ساتھ رہنے بلاتا ہے لیکن مجھے اپنی محنت مزدوری پر فخر ہے اور ریاست ہریانہ کے علاقہ لاڈوا میں اپنی چھوٹی سی دوکان پر جوتے بنانے کا کام کرتے ہوئے جیوتی رام فخر کا اظہار کرتے ہیں کہ میری جس محنت کے سبب میرے بچے بڑے بنے ہیں، میں اس کو کیسے چھوڑ سکتا ہوں۔ یہ سادگی نہیں تو اور کیا ہے، اسے ہی کہتے ہیں اپنی حقیقت کو نہیں بھولنا۔

جیوتی رام کی کہانی میں ہمیں کئی اسباق سیکھنے کو ملتے ہیں کیا ہم سیکھنے کے لئے تیار نہیں، میرے ہاں تو کئی بہانے ہیں، میں تو کہتا ہوں کہ کیا اب ہمیں ایک موچی سے سیکھنا پڑے گا؟ ارے جناب چلتے چلتے آپ بی جے پی کے لوگوں سے سیکھنے کا مشورہ دے رہے ہیں؟ افسوس ہے مجھے بی جے پی جیسے ہی اقتدار میں آئی آپ کو بی جے پی کے لوگ بھی اچھے لگنے لگے ہیں اور آپ اپنی ہی قوم کے لوگوں میں برائیاں ڈھونڈنے لگے ہیں۔ ٹھیک ہے یہ اور ایسے ہی بے شمار بہانے میرے ہاں بھی ہیں لیکن میرا سوال بدستور اپنی جگہ برقرار ہے۔ اگر ہم اور آپ میں سے کسی کا عزیز رکن پارلیمنٹ بن جائے تو کیا ہمارے ہاں ایسی سادگی باقی رہے گی جیسی کہ رتن لال کٹاریہ کے والد کے ہاں ہے۔ ہمارا تو یہ عالم ہے کہ اگر کسی رکن پارلیمنٹ کے ساتھ ہماری تصویر بن جائے تو ہمارے چلنے پھرنے اور بات کرنے کا انداز ہی بدل جاتا ہے، دوسری بات جو مجھے معلوم ہے، اگر غلط ہو تو کوئی اس کی تصحیح کردے۔

حضرت علیؓ سے منقول ہے کہ "حکمت کی باتیں مومن کا گمشدہ اثاثہ ہے جہاں سے

بھی ملے، لے لو" انگریزی کے میگزین "آؤٹ لُک" نے اگست ۲۰۰۹ء میں ایک خصوصی اسٹوری شائع کی تھی جس کی سرخی "Age is No Bar" تھی، اس اسٹوری میں ایسے بزرگ اور معمر افراد کی کامیابی کو اُجاگر کیا گیا تھا جنہوں نے اپنی عمر سے قطع نظر چلتے رہنے، آگے بڑھنے اور محنت کرنے سے کبھی بھی اپنا دامن نہیں چھڑایا۔ "آؤٹ لُک" کی اسٹوری میں ۷۰ سالہ بی ایم ویش کا بھی ذکر تھا جو کہ اتنی عمر کے باوجود کاروبار کرنا بند نہیں کیا تھا، انہوں نے میگزین کو بتلایا تھا کہ اگر میں اپنا کام بند کر دوں اور کھیلنے لگوں تو مر ہی جاؤں گا۔ ۷۰ سال کی عمر میں گڑ گاؤں (ہریانہ) کے ویش صاحب اپنے پوتروں کے ساتھ مل کر جرمنی کی ایک کمپنی کے تعاون سے ایک نیا بزنس شروع کرنے جا رہے تھے۔

برطانوی اخبار "The Guardian" میں جان ڈین کی ایک رپورٹ شائع ہوئی تھی۔ رپورٹ کے مطابق ۵۰ برس سے زائد عمر کے برطانوی شہریوں میں اپنا کاروبار شروع کرنے کا رجحان تیزی سے فروغ پا رہا ہے۔ صرف کاروبار کا آغاز کرنے کے معاملے میں ہی نہیں بلکہ ۵۰ برس سے زائد کی عمر والے ان اصحاب کے کاروبار میں کامیابی کا تناسب بھی بہترین ہے اور اس صورتِ حال سے نوجوان کاروباریوں کو رشک آ رہا ہے۔

رواں برس جنوری ۲۰۱۴ء میں انگریزی کی میگزین کریر ۳۶۰ میں مکتا لال نامی خاتون کی ایک خبر شائع ہوئی جس میں بتلایا گیا کہ ۶۸ برس کی یہ خاتون عمر کے اس حصے میں جامعہ ملیہ اسلامیہ نئی دہلی کے فاصلاتی امتحان کے مرکز سے اُردو سیکھنا شروع کرتی ہے اور اب اُردو سے ہندی ترجمہ کا کام کر رہی ہے۔ کون ہے یہ مکتا لال تو یہ جاننا دلچسپی سے خالی نہیں ہو گا کہ یہ بزرگ خاتون پروفیسر جگن ناتھ آزاد کی صاحبزادی ہیں اور اب وہ اُردو سے ہندی میں ادبی مضامین ترجمہ کر رہی ہیں۔

ڈھونڈو تو راستے بہت ہیں اور بہانے بھی بہت ہیں۔ کام کرنے کے لئے چلو تو کام

کرنے کا فائدہ پیسے کی شکل میں ضرور ملے گا اور صحت کے لئے واکنگ بھی ہو جائے گی، اور آپ اگر صرف بیماری کے سبب واک کرنا چاہتے ہیں یا صحت کی برقراری کے لئے چہل قدم کرنا چاہتے ہیں تو آپ کی مرضی کیونکہ زندگی آپ کی، بچے آپ کے اور فیصلہ تو آپ کو ہی کرنا ہے اور مجھے کیا کرنا چاہئے، مجھے طئے کرنا ہے بقول اشفاق احمد صاحب مرحوم:

"جب تم کسی میں عیب دیکھو تو اسے اپنے اندر تلاش کرو، اگر اسے اپنے اندر پاؤ تو اسے نکال دو، یہ حقیقی تبلیغ ہے۔ اسے بزرگان دین تلاوت الوجود کہتے ہیں"۔

اے اللہ! تو ہم سب کے لئے آسانیاں پیدا فرما اور ہمیں دوسروں کے لئے آسانیاں پیدا کرنے والا بنا۔

بقول علامہ اقبال

پتا نہیں کیا ہے نام اس کا خدا فریبی کہ خود فریبی
عمل سے فارغ ہوا مسلماں بناکے تقدیر کا بہانہ

Forgetting our roots with an excuse of fate. Essay: Prof. Mustafa Ali Sarwari

* * *

۵

جشن نکاح یا جشن اسراف؟

سید ابرار نظامی

یہ قول زبان زد عام ہے کہ شہر حیدرآباد کے مقبول عام اور قدیم ترین اردو روزنامہ "سیاست" کے مدیر اعلیٰ ایک نہایت سیدھے سادھے آدمی ہیں۔ موصوف محترم قوم کیلئے بے شمار فلاحی کام کرتے آئے ہیں اور کر رہے ہیں۔ شاید ہی کسی کو ان سے کوئی شکایت رہی ہو (الا یہ کہ معاملہ کسی سیاسی رقابت کا ہو)۔ مگر ان استحصالی قوتوں سے سوال ضرور کیا جانا چاہیے جو مدیر محترم کی سادگی کا فائدہ اٹھاتے ہوئے انہیں کسی ایسی راہ پر دھکیل دیتے ہیں جو حقیقتاً ان کے شایان شان نہیں۔

اس کی ایک مثال ادارہ سیاست کی جانب سے حالیہ دنوں میں شروع کی گئی سہ روزہ نمائش "جشنِ نکاح" ہے۔ پہلے اسی نمائش کی خبر "سیاست نیوز" ہی کے حوالے سے ملاحظہ فرمائیں :

شہر میں ہونے والی تقاریب میں شادی کی تقاریب انتہائی اہمیت کی حامل ہوتی جا رہی ہیں۔ اس رجحان کو دیکھتے ہوئے شادی کی خریداری میں رہنمائی کیلئے کیاپشنس اور ٹی ایم سی کی جانب سے ۱۲، ۱۳اور ۱۴ ستمبر کو سٹی کنونشن سنٹر میں منعقد ہونے جا رہے جشن نکاح کے سلسلے میں تجارتی برادری کے علاوہ عوام میں کافی جوش و خروش پایا جاتا ہے۔ جشن

نکاح کے عنوان سے منعقد ہونے والے اس سہ روزہ نمائش کے دوران زیورات جو کہ شادی کا اہم جز تصور کئے جاتے ہیں اُن کی بھی خصوصی اسٹال اس میں موجود رہے گی۔ علاوہ ازیں دیگر خریداری جو شادی سے جڑی تقاریب سے منسلک ہے اُن کے بھی تمام اسٹالس اس نمائش کے دوران موجود رہیں گے۔

سٹی کنونشن سنٹر جیسے وسیع و عریض مرکزی مقام پر منعقد ہونے والی اس نمائش کا مقصد شادی بیاہ کی تقاریب سے جڑی اشیاء کی خریداری کے متعلق عوام میں نہ صرف شعور بیدار کرنا ہے بلکہ اُن کی مناسب رہنمائی کے ذریعہ اُنھیں فائدہ بخش خریداری کی طرف راغب کرنا ہے۔ عموماً یہ دیکھا گیا ہے کہ شادی بیاہ کی تقاریب کے سلسلے میں کی جانے والی خریداری کے دوران اس بات کا خیال نہیں رہتا کہ بعض اشیاء جو سستے داموں پر دستیاب ہو سکتی ہیں وہ کافی اضافی قیمت ادا کرتے ہوئے خریدی جارہی ہیں۔ اس رجحان کو توڑتے ہوئے عوام کے پیسے کی بچت کے ساتھ ساتھ اُنھیں مناسب خریداری کی سمت راغب کرنے کے مقصد کے تحت کیاپشنس اور ٹی ایم سی کے علاوہ دیگر تجارتی اداروں کے تعاون سے اس نمائش کا انعقاد عمل میں لایا جارہا ہے جہاں پر شادی بیاہ و دیگر تقاریب سے متعلق وہ تمام اشیاء دستیاب رہیں گی جن کی تقاریب میں ضرورت محسوس کی جاتی ہے۔

تقاریب کے سلسلے میں جو تیاریاں کی جاتی ہیں اُن تیاریوں کے دوران بعض ایسی ضروری اشیاء فراموش کر دی جاتی ہیں جن سے تقاریب میں کوئی مزہ باقی نہیں رہتا۔ اسی لئے ہر وہ شئے جو تقاریب سے جڑی ہوئی ہیں انھیں ایک چھت تلے پیش کرتے ہوئے ایک پلیٹ فارم فراہم کیا جارہا ہے تاکہ اس نمائش کا مشاہدہ کرنے والے جشن نکاح کے عنوان سے ہو رہے اس سہ روزہ پروگرام سے استفادہ کر سکیں۔ مشاہدہ کرنے والوں کیلئے

تجارتی برادری کی جانب سے بہترین پیشکش بھی کی جارہی ہے۔ اس نمائش کا حصہ بننے والے کئی تجارتی ادارے مختلف طریقوں سے عوام کو رعایت یا آفرس پیش کررہے ہیں۔ اس سلسلے میں کی گئی ایک پیشکش کے مطابق نمائش کا مشاہدہ کرنے والے تمام مشاہدین جو جشن نکاح میں رجسٹریشن کروائیں گے انھیں ۲۰۰۰ روپئے کا مالیتی گفٹ ووچر دیا جائے گا۔ اسی طرح دیگر تجارتی اداروں کی جانب سے نمائش کے دوران پرکشش پیشکش کئے جانے کی توقع ہے۔

بحوالہ :

سٹی کنونشن میں کل "جشن نکاح" کی سہ روزہ نمائش کا آغاز

ادارہ سیاست و کیپشن کی "جشن نکاح" سہ روزہ نمائش

سب سے پہلے تو عرض ہے کہ "جشنِ نکاح" کی وجہِ تسمیہ کچھ سمجھ میں نہیں آتی۔ دو متضاد معنوں کے حامل الفاظ کا یہ مرکب دراصل ایک دلخراش مذاق ہے۔ یہ تو وہی بات ہوگئی جو مولانا مودودی نے کبھی کہی تھی کہ: "سبزی خوروں کی گوشت کی دوکان"۔

جشن ایک ہنگامے کا نام ہے جبکہ نکاح کے لفظی معنوں میں سادگی پوشیدہ ہے۔ جو کچھ "جشنِ نکاح" کے نام پر کیا گیا ہو اس کو جشنِ اسراف، جشنِ تبذیر، جشنِ ترقی پسند جہیز، جشنِ رسوماتِ لغو، جشنِ ریاکاری، جشنِ فخر و مباہات، جشنِ جہیز وغیرہ وغیرہ کا نام تو ضرور دیا جاسکتا ہے یا شاید "جشنِ شادی" زیادہ موزوں عنوان ہوتا۔ لیکن اس کو نکاح جیسے پاک لفظ سے جوڑنا اور اس کی آڑ میں جہیز کی اشیا فروخت کرنا ایسا ہی ہے جیسے مسجد یا درگاہ کے سامنے حمد، نعت یا قوالیوں کی سی ڈیز کی آڑ میں نئی فلموں اور گانوں کی سی ڈیز کو فروخت کرنا۔

یہ سوال پوچھا جاسکتا ہے کہ کیا مدیر اعلیٰ سیاست اور ان کے ہم نوا یہ بتانے کی

زحمت گوارا کر سکتے ہیں کہ نکاح میں سوائے ایجاب و قبول و خطبۂ نکاح کے اور کیا جشن ہوتا ہے؟

ہاں چھوارے ہوتے ہیں یا پھر زیادہ سے زیادہ ایک اچھی شیروانی اور ٹوپی ہو سکتی ہے جو دلہا کو زیب دیتی ہے۔ جشن کے نام پر چھوارے اور شیروانیوں کی مارکٹنگ ہی کر لی جاتی تو شاید اس معاملے کو اعتراض کے قابل نہ گردانا جاتا۔

لیکن اس سہ روزہ نمائش میں عالیشان فرنیچر، آسان اقساط [مگر مع سود] پر جہیز کے سامان اور پلاٹس، ملبوسات و زیورات، خوشبو و عطریات، اعلیٰ معیاری شادی کے رقعے، باجے وغیرہ ہمہ اقسام کی چیزوں کی نمائش کر کے جہیز کی لعنت کو مزید مستند بنانے کے اس کاروبار میں مدیر اعلیٰ کا شامل ہونا قوم کیلئے اس باعث شرمناک ہے کہ انہوں نے جہیز کے خلاف خود ہی آواز اٹھائی تھی مگر پھر دانستہ یا نادانستہ خود ہی جہیز کی مارکٹنگ میں لگ گئے۔

اگر یہ حرکتیں شہر کی کسی سیاسی جماعت کے لوگ کرتے تو شائد کوئی شکایت نہیں ہوتی۔ کیونکہ بدقسمتی سے اس جماعت میں ایسے لوگ بھی ہیں جو ایک طرف جہیز کیلئے سود پر پیسہ بھی دیتے ہیں اور غنڈوں سے وصول بھی کرواتے ہیں اور دوسری طرف غریب لڑکیوں کی شادیوں کیلئے چندہ دے کر اخبارات میں تصویریں بھی شائع کرواتے ہیں۔

اس نمائش کے ناتے واقعتاً یہ ایک بہترین موقع تھا کہ "نکاحِ اسلامی کیا ہوتا ہے؟" اس کی عملی، تربیتی و ترغیبی وضاحت کی جاتی۔ مختلف مکاتبِ فکر، مسالک اور جماعتوں کو نمائش میں اسٹال دیئے جاتے اور ان سے تقاضا کیا جاتا کہ جہیز کی لعنت کو روکنے ان کے پاس جو لٹریچر، تحریکی مواد، اب تک کی کارکردگی کا جائزہ و شماریات اور مستقبل کے

منصوبے ہیں ان کی نمائش کی جائے۔ لوگوں کو متوجہ کرنے کی نت نئی ترکیبیں ڈھونڈھی جاتیں اور غیر مسلموں تک بھی اس پیغام کو پہنچانے کی سعی کی جاتی۔

مگر افسوس کہ اس کے برعکس لالچی لڑکے والوں کی جہیزی فہرست کو صحیح آرگنائز کرنے کی ترکیبیں سکھائی گئیں، ہمہ اقسام کی چیزوں کی ضرورتوں کو پیدا کرنے کے آئیڈیے فراہم کیے گئے، شادی بیاہ میں رہنمائی کے بہانے ایک چھت تلے ایسی خریداری کی ترغیب دلائی گئی جسے سوائے فضول خرچی یا اسراف کے اور کوئی دوسرا نام نہیں دیا جا سکتا۔۔۔ ظاہر ہے کہ یہ تمام باتیں معاشرہ میں اصلاحی انقلاب لانے کے داعی کے علاوہ کسی عملی مسلمان کو بھی قطعی زیب نہیں دیتیں۔

ممکن ہے کہ اس سہ روزہ جشن سے جو کچھ کمائی حاصل ہوئی ہوگی وہ آگے کسی نہ کسی نیک کام پر خرچ بھی کی جائے گی۔ جیسا کہ روزنامہ "سیاست" کی ایک اور مقبول عام تحریک "دوبدو" اگرچہ ایک فائدہ مند پروگرام ہے لیکن ایک ایک امیدوار سے سات سو روپئے کی داخلہ فیس بھی جو وصول کی جاتی ہے جو وہ بالآخر قوم پر ہی خرچ کی جاتی ہے۔ لیکن ایسی حرکتیں بہرحال ایک باشعور مسلمان کے نزدیک "رابن ہڈ" ٹائپ کی ان فلمی کہانیوں کی طرح ہیں جن میں ہیرو امیروں کو لوٹ کر غریبوں میں مال تقسیم کرتا ہے۔

کیا حقیقتاً اسلام میں بھی اس قسم کی مارکٹنگ کی اجازت ہے؟

کاش کہ متعلقہ افراد اس موضوع پر ٹھنڈے دل سے غور و فکر کرتے ہوئے ایسی فضولیات سے دور رہیں تو قوم کو بھی برائی سے گریز اور بھلائی کی ترغیب ملے گی۔

The reality of Siasat's 3-days exhibition "Jashn-e-Nikah"

***

۶

تمباکو نوشی : اس زہرِ ہلاہل سے سماج کو بچائیے

رفیع الدین حنیف قاسمی

۷/ نومبر ۲۰۱۴ء کو یہ نہایت خوش آئند خبر دیکھنے کو ملی کہ کرناٹک حکومت جس نے اس سے قبل سالِ گذشتہ تمباکو نوشی پر جزوی امتناع عائد کیا تھا، اب وہ اس تعلق سے مکمل امتناع پر غور وخوض کر رہی ہے، یہ نہایت خوش آئند اقدامات سامنے میں آرہے ہیں ابھی کچھ روز قبل منشیات کی لعنت سے نوجوانوں کو محفوظ رکھنے کے خاطر کیرل حکومت نے شراب پر امتناع عائد کیا اور بہار کے چیف منسٹر نے بھی شراب کو مضر صحت اور قابلِ امتناع قرار دیا اور تلنگانہ کے چیف منسٹر نے بھی شراب کے نقصاندہ اثرات سے ریاست کو پاک کرنے کی بات کہی، اگر ملک میں اصلاحات کو لانا ہے تو صرف اپنا ذاتی مالی مفاد ملحوظ نہ رکھائے؛ بلکہ منشیات کی بلا سے نوجوان نسل کو محفوظ رکھ کر ان کی توانائیوں اور قوت کو ٹھوس اور تعمیری امور پر لگانے کی کوشش جائے تو نہ صرف سماج اور معاشرے سے یہ منشیات کا یہ ناسور ختم ہو جائے گا، جو نہ صرف شرعی اعتبار سے قابل امتناع ہے بلکہ جانی، مالی اور سماجی اعتبار سے یہ زہر ہلال لوگوں کی تباہی وبربادی کا باعث بن رہا ہے، نہ صرف اس میں انسان کے مال کو خطرہ ہے؛ بلکہ جان کو بھی خطرہ ہے اور منشیات کے عادی افراد معاشرے کے لئے مختلف مہلک امراض سے دوچار ہو کر

معاشرے اور سماج کے لئے ناسور بن جاتے ہیں؛ بلکہ ملک کے لئے بھی یہ بوجھ ثابت ہوتے ہیں؛اس لئے منشیات کی اس بلا پر روک لگانے کی سخت ضرورت ہے، حکومت کرناٹک نے تمباکو کے تعلق سے جو سروے کیا ہے جس کی بنیاد پر اس پر مکمل امتناع کی بات کہی جارہی ہے، محکمہ صحت کے اعلی عہدہ داروں نے بتایا کہ انسانی صحت کے لئے گٹکھا انتہائی مضر ہے، اس کی وجہ سے ریاستی سطح پر سینکڑوں لوگ منہ کے کینسر کے شکار ہورہے اور محکمہ صحت نے اپنی رپورٹ میں یہ بھی بتلایا کہ سگریٹ نوشی کی بہ نسبت گٹکھا اور پان مسالے زیادہ نقصان دہ ہیں اور حلق کے کینسر کی اہم وجہ تمباکو اور اس سے تیار کی جانے والی اشیاء ہیں۔

اگر ان نقصانات کے پیش نظر تمباکو نوشی پر مکمل امتناع عائد کیا جاتا ہے تو یہ نہایت خوش آئند اقدام ہوگا، اگر ملکی سطح پر اور عالمی سطح پر تمباکو نوشی پر امتناع عائد کیا جاتا ہے تو قابل تحسین قدم ہوگا، اس تمباکو شی پر امتناع کی اس مہم کو خصوصا ملکی سطح پر عام کرنے کی ضرورت ہے؛ تاکہ نوجوان نسل اس مضر صحت اور نقصاندہ مادہ سے دور رہ کر اپنے مستقبل کی تعمیر اور ملک کی ترقی میں جٹ جائے، تمباکو شی نوشی کا ایک افسوس ناک پہلو یہ بھی ہے کہ ۳۱؍ مئی کو "عالمی یوم انسداد تمباکو" وطن عزیز میں ہی نہیں؛ بلکہ پوری دنیا میں بھی منایا جاتا ہے، اس تعلق سے اس دن مختلف جلسے جلوسوں، تحریکوں، پروگراموں ، ریلیوں اور کانفرنسوں کی شکل میں اس کے مضر صحت ہونے کو خوب زور وشور سے بتایا جاتا ہے؛ لیکن سیاسی سطح پر اس کے امتناع کے تعلق عزم وحوصلے کی ضرورت ہے؛ کیوں کہ منشیات کی آمدنی سے حکومت کو ایک خاطر خواہ شکل میں آمدنی حاصل ہوتی ہے، اگر وقتی مفاد کو پس پشت ڈال کر ملک کی عوام اور ملک کے مستقبل کو پیش نظر رکھ کر تمباکو پر امتناع کے تعلق سے عزم وحوصلہ کیا جائے تو ملک اس حاصل ہونے والی آمدنی سے کہیں

زیادہ ترقی یافتہ ہو جائے گا، اب اس وقت معاشرے میں تمباکو کا استعمال روز افزوں ہے، تمام تر بیداری مہم کے باوجود تمباکو و سگریٹ نوشی کے تئیں کشش بڑھتی جا رہی ہے ، بالخصوص نوجوانوں میں ۱۹۹۰ء میں جہاں ۵۰۰۰ بلین سگریٹس کی پیداوار ہو رہی تھی، وہاں ۲۰۰۹ تک بڑھ کر یہ ۵۹۰۰ بلین ہو گئی، در اصل پوری دنیا میں سگریٹ و تمباکو کے استعمال سے مرنے والوں کی جملہ تعداد شراب، ایڈس، حادثات، قتل و خود کشی سے مرنے والوں سے زیادہ ہے، ۲۰۱۰ء میں چار بڑی تمباکو کمپنیوں نے تقریباً ۲۷ ارب ڈالر کا منافع کمایا، اس لئے صرف محض، سگریٹ، گٹکھا اور تمباکو سے بنی چیزوں پر یہ لکھ دینا کہ "تمباکو نوشی کا انجام کینسر ہوتا ہے" کافی نہیں ، بلکہ اس کے علاوہ تمباکو نوشی ترک کرنے والوں کی حوصلہ افزائی کی جائے اور سیاسی سطح پر اس کی پیداوار پر امتناع عائد کرنے کی کوشش کی جائے ، ایک رپورٹ کے مطابق ہمارے ملک میں ۵۲/ کروڑ کیلو گرام تمباکو پیدا کیا جاتا ہے ، اس میں نصف مقدار بر آمد کی جاتی ہے اور باقی ہندوستان میں مختلف صورتوں میں استعمال ہوتی ہے ، ۱۵/ لاکھ انسان تمباکو اگاتے ہیں، ۱۰/ لاکھ تمباکو فارم ہیں، جس میں ۵۰/ لاکھ افراد کام کرتے ہیں، چین اور امریکہ کے کے بعد تمباکو کی سب سے زیادہ کاشت ہمارے ملک ہندوستان میں ہوتی ہے ، حکومت کو تمباکو کے ٹیکس سے سالانہ ایک ارب پچاس کروڑ ڈالر ملتے ہیں، ہندوستان میں ہر سال آٹھ لاکھ افراد تمباکو نوشی سے لقمہ اجل بنتے ہیں۔ جب کہ ہندوستان میں تیس کروڑ لوگ تمباکو کا استعمال کرتے ہیں۔

ان اعداد و شمار کی روشنی میں تمباکو کے نقصانات اور اس کے مضر پہلوؤں سے معاشرے سماج اور ملک کو بچانے کی ضرورت ہے، ملکی خزانے پر نظر کر کے عوام کو موت کے منہ کے حوالے کرنا یہ دانشمندانہ اقدام نہیں؛ یہ عوام کا استحصال ہے اور ملک کی عوام

کو خفیہ طریقہ موت کی کھائی میں ڈھکیلنا ہے، اس کے علاوہ تمباکو نوشی کو کسی مذہب میں اچھا باور نہیں کیا گیا، دنیا کے تمام مذہبی پیشوا تمباکو نوشی کو مضر صحت بتاتے ہیں، اور اپنے متبعین کو اس کے استعمال سے منع کرتے ہیں، ہندو مذہبی کتابوں میں بھی اسکی ممانعت کی گئی ہے، سکھوں کے دسویں گرو بن سنگھ نے تو اپنے متبعین کو تمباکو کے استعمال سے سخت منع کیا ہے، جس سکھ برادری کا عمل ہے۔ اور اسلامی نقطہ نظر بھی اس حوالے سے یہ ہے کہ اسلام نے حلال اور پاک وطیب چیزوں کے استعمال کی اجازت دی ہے، جو خبیث چیزیں ہیں وہ حرام ہیں، اس کے علاوہ تمباکو کے استعمال کو شریف اور مہذب معاشرے میں اچھا نہیں سمجھا جاتا ہے، یہ اسکے علاوہ مہلک بیماریوں کی وجہ بنتا ہے جس میں کینسر سرفہرست ہے، اور باعث ہلاکت چیزوں کے استعمال سے شریعت نے منع کیا ہے۔

اس کے علاوہ یہ تمباکو کا استعمال انسان کے لئے کسی طرح مفید نہیں، نہ اس سے بھوک مٹتی ہے نہ پیاس، نہ دل و دماغ کو تقویت ملتی ہے، بلکہ یہ خود ہزارہا بیماریوں کی وجہ بنتا ہے، اس کے علاوہ انسان کی خون پسینہ سے کمائی ہوئی دولت کو بے فائدہ صرف کرنا جو اسراف کے قبیل ہے، اسراف اور فضول خرچی کو اسلام سمیت کسی بھی مذہب میں اچھا باور نہیں کیا گیا؛ بلکہ اسلام نے تو فضول خرچی کرنے والے کو شیطان کا بھائی قرار دیا ہے ،اس کے علاوہ سگریٹ نوشی جہاں خود استعمال کرنے والے کے لئے نقصان دہ ہے وہیں اس کا دھواں دوسروں کے لئے باعث مضرت ہے اور فضائی آلودگی کا باعث ہے، اس لئے بعض فقہاء کرام نے تو تمباکو نوشی کو حرام اور بعض نے مکروہ تحریمی کہا ہے۔

بہرحال کرناٹک حکومت اگر تمباکو نوشی پر امتناع کے لئے اقدام کرتی ہے تو یہ نہایت خوش آئند اقدام اور لائق تقلید کارنامہ ہوگا جس کو نہ صرف ملکی سطح پر عالمی سطح پر عام کرنے کی ضرورت ہوگی اور سماج و معاشرے کو اس کے نقصانات سے بچانے کے لئے

ممد ومعاون ہو گا، ویسے بھی اوپر کے اعداد و شمار کے نتیجے میں اس کا مضر صحت ہونا بخوبی سمجھ میں آگیا، مذہبی تعلیمات بھی اس حوالہ سے نہایت دوٹوک اور واضح راستے کی نشاندہی کرتے ہیں، اگر عزم وحوصلہ کے انسداد تمباکو نوشی کی مہم کو حکومت اور سیاسی سطح پر آگے بڑھایا جائے تو یہ ملک کا اپنی رعایا اور پرجا کے حق میں احسان عظیم ہو گا اور اس کی وجہ سے ملک کی ترقی اور عروج کی راہی کھلیں گی۔

Save the society from the poison of Tobacco. Essay: Mufti Rafiuddin Haneef Qasmi

***

۷

دین کے پانچ ستونوں کے اوپر: عمارت کون تعمیر کرے گا؟

ڈاکٹر علیم خان فلکی

اسلام کے پانچ ستون۔۔۔۔
کبھی عمارت بھی تعمیر ہو گی یا صرف ستون ہی ستون کھڑے ہوتے جائیں گے؟
کیا مدرسوں کے نصاب میں اس عمارت کی تعمیر کا کوئی نقشہ ہے؟

ایسا کیوں ہوتا ہے کہ لوگ نماز بھی پڑھتے ہیں۔ تلاوت، روزہ، زکوٰۃ خیرات، حج اور عمرہ کا بھی اہتمام کرتے ہیں۔ چہرے بھی پرنور اور متشرع لگتے ہیں۔ لیکن آئے دن ہم سنتے رہتے ہیں کہ کوئی اپنی بیوی پر ظلم کر رہا ہے تو کوئی پڑوسیوں کو تکلیف پہنچا رہا ہے۔ کوئی قرض لے کر واپس کرنا نہیں چاہتا تو کوئی اسی کی پیٹھ میں چُھرا گھونپ رہا ہے جس نے اس کی مدد کی۔ کسی کا دن دوسروں کی برائیاں کئے بغیر گزر ہی نہیں سکتا۔

یہ تو تھیں اخلاقی برائیاں۔ جب ہم اخبار دیکھتے ہیں یا کسی کورٹ یا پولیس تھانے میں جھانکتے ہیں تو مسلمانوں میں بڑھتے ہوئے کرائم ریٹ اور غیر اخلاقی حرکتوں کو دیکھ کر ہر شخص کہہ اٹھتا ہے کہ "ارے؛ کوئی مسلمان ہو کر ایسا کیسے کر سکتا ہے؟"۔ اور افسوس کی

بات تو یہ ہیکہ دوسروں کی حرکتوں پر حیرت کرنے والے خود ہی اپنی باری میں کئی ایسے کام کر جاتے ہیں جن کی اسلام ہرگز اجازت نہیں دیتا۔ ایسا کیوں ہوتا ہے؟۔ یہی سوال ہر ذہن میں آتا ہے کہ نمازوں روزوں کے اہتمام کے باوجود مسلمان ایسی غلط حرکتیں کیوں کرتا ہے؟ اس کا مطلب یہ ہوا کہ ہماری عبادتوں سے آگے بھی کوئی شئے ہے جو چھوٹ رہی ہے جس کی وجہ سے ہم بیج تو بو رہے ہیں لیکن بجائے فصل کے جنگلی درخت اُگ رہے ہیں۔ آیئے دیکھتے ہیں کہ کمی کہاں ہو رہی ہے۔

دراصل آج کا اسلام ایک حدیث کی بنیاد پر گھوم رہا ہے۔ اگرچہ کہ اس سے کہیں زیادہ اہم احادیث بھی موجود ہیں جو قابلِ غور ہیں لیکن ہم نے قرآن کو بھی اور باقی تمام احادیث کو بھی اس حدیث کے آگے ثانوی بنادیا ہے۔ اور وہ حدیث ہے

"بُنِيَ الْإِسْلَامُ عَلَى خَمْسٍ شَهَادَةِ أَنْ لَا إِلَهَ إِلَّا اللَّهُ وَأَنَّ مُحَمَّدًا رَسُولُ اللَّهِ وَإِقَامِ الصَّلَاةِ وَإِيتَاءِ الزَّكَاةِ وَالْحَجِّ وَصَوْمِ رَمَضَانَ"

یعنی اسلام کی بنیاد پانچ چیزوں پر ہے۔ کلمہ، نماز، زکوٰۃ، حج اور روزے۔

اسکو دین کے پانچ ستون بھی کہا جاتا ہے۔ بھلا کون سا مسلمان ایسا ہوگا جو اس حدیث سے انکار کرے۔ لیکن نماز، روزہ، زکوٰۃ اور حج کے علاوہ بھی توکئی ایسی چیزیں ہیں جن کے بارے میں قرآن اور حدیث میں ان سے کہیں زیادہ زور دیا گیا ہے۔ مثلاً جہاں یقیمون الصلوٰۃ یعنی نماز قائم کرو پر زور ہے وہیں "کونوا قوامین بالقسط "یعنی" انصاف قائم کرنے والو بنو" پر اتنا ہی زور دیا گیا ہے۔

جہاں روزہ دین کا ستون ہے وہیں یہ بھی تو کہا گیا کہ "مسلمان سب کچھ ہو سکتا ہے جھوٹا نہیں ہو سکتا"۔

یہ بھی تو حدیث میں ہے کہ آپ نے تین بار خدا کی قسم کھاتے ہوئے فرمایا کہ "خدا

کی قسم وہ مومن نہیں ہو سکتا جس سے اس کے پڑوسی کو تکلیف پہنچے"۔

جہاں یہ فرمایا گیا کہ حاجی گناہوں سے ایسے پاک ہو جاتا ہے جیسے پیدا ہونے والا بچہ، وہیں یہ بھی تو احادیث ہیں کہ جس کی کمائی حلال کی نہ ہو اس کی ساری عبادتیں اس کے منہ پر ماردی جاتی ہیں اور اس کی دعائیں زمین سے ایک فٹ اوپر نہیں اٹھائی جاتیں؛ اور ایسی بے شمار احادیث ہیں جن میں پہلے انسانیت بعد میں عبادت، بلکہ انسانیت سب سے بڑی عبادت کی تعلیم دی گئی ہے۔ لیکن صدیوں سے ہمارے مدرسوں، جماعتوں اور مسلکوں نے پورا پورا زور پانچ ستونوں پر لگا دیا، اور انسانیت کو قائم کرنے والے اسلام کو دانستہ یا غیر دانستہ نظر انداز کر دیا۔

کون نہیں جانتا کہ احکامات کے اعتبار سے دین میں دو قسم کے احکامات ہیں۔ ایک حقوق اللہ ہیں جن سے شخصیت کا تزکیہ ہوتا ہے۔ دوسرے حقوق العباد جن سے سوسائٹی کی تعمیر ہوتی ہے۔ اگر کوئی انفرادی طور پر بہت نمازی اور روزہ دار ہو تو اس سے دوسروں پر کوئی اثر نہیں پڑتا۔ ہاں اس کے جھوٹے یا بے ایمان ہونے سے ہر ہر فرد پر اثر پڑتا ہے۔ اسی لئے سارے علما اس بات پر متفق ہیں کہ حقوق العباد کو حقوق اللہ پر فوقیت حاصل ہے۔

حضرت عائشہ صدیقہؓ سے ایک روایت مروی ہے کہ

"قیامت میں ہر شخص کے نامہ اعمال کی تین فائلیں پیش ہونگی۔ ایک شرک کی، دوسرے حقوق العباد کی اور تیسری حقوق اللہ کہ جب تک حقوق العباد کی فائل صحیح نہ ہو اللہ تعالیٰ حقوق اللہ کی فائل ہر گز نہیں دیکھے گا"۔

اور یہ بھی مروی ہے کہ "اللہ تعالیٰ چاہے تو حقوق اللہ کی فائل دیکھے چاہے تو معاف کر دے، لیکن حقوق العباد میں ذرا بھی کمی کو ہر گز معاف نہیں کرے گا"۔

اسی لئے کہا گیا کہ "الدین معاملہ" یعنی دین معاملہ داری کا نام ہے۔ معاملہ داری اصل عبادت ہے جس سے اسلام اور مسلمان کی پہچان ہے۔ یہی حقوق العباد کی جڑ ہے۔ مسلمان کی اصل پہچان اسی سے ہے نہ کہ عبادات سے۔ کسی کے نیک ہونے کے ثبوت میں ہم کہتے ہیں "فلاں صاحب بہت نیک آدمی ہیں پنج وقتہ نمازی ہیں"۔ ہم نے اچھے مسلمان کی پہچان ہی نماز بنادی جبکہ یہ معاملہ تو بندے اور اللہ کے درمیان تھا۔ اسکی اصل پہچان تو یہ ہوتی کہ وہ صاحب کبھی جھوٹ نہیں بولتے، کبھی معاملہ داری میں اونچ نیچ نہیں کرتے۔

آج کسی بھی جماعت یا گروہ کا نام لیتے ہی اس جماعت یا گروہ کے مخصوص رنگ، لباس، چہرے اور کاموں کا امیج ہمارے ذہن میں فوری آتا ہے۔ لیکن جب بات سچ، انصاف، عہد کی پابندی، جھوٹ اور غیبت سے نفرت کی آتی ہے تو کیا کسی جماعت یا گروہ کا تصوّر ہمارے ذہنوں میں آتا ہے؟ نہیں۔ ہاں چند انفرادی چہرے ضرور ہمارے ذہنوں میں آتے ہیں لیکن کوئی جماعت یا گروہ ایسا نہیں جن کے منشور میں کردار سازی یا حقوق العباد پہلے درجے پر ہو۔ اگر ہے تو وہ رسمی تقریروں تک ضرور ہے لیکن اس کو قائم کرنے کا منصوبہ ان کے لائحہ عمل کی ترجیحات میں نہیں ہے۔ یعنی یہ بدو کہتے ہیں کہ ہم ایمان لائے!

ہم سے صدیوں میں جو غلطی ہوئی ہے وہ یہ کہ ہم نے عبادات کو اصل اسلام بنادیا اور جو باتیں ایمان سے تعلق رکھتی تھیں ان کو دوسرے یا تیسرے درجے کے کاموں کی فہرست میں دھکیل دیا۔ ہمارا حال بھی انہی اعرابیوں کی طرح ہوگیا جن کے بارے میں قرآن کا ارشاد ہے۔

قالت الأعراب آمنا قل لم تؤمنوا ولكن قولوا أسلمنا ولما يدخل الإيمان ف قلوبكم

یعنی " یہ بدو کہتے ہیں کہ ہم ایمان لائے۔ آپ ان سے کہیئے کہ تم ہر گز ایمان نہیں لائے، ہاں یہ کہو کہ ہم اسلام لائے۔ ایمان تو ابھی تمہارے دلوں میں داخل بھی نہیں ہوا۔ "۔

یہاں اسلام اور ایمان کا فرق واضح ہو جاتا ہے۔ اعرابی جن میں منافق بھی شامل تھے۔ کہتے تھے کہ کیا ہم نماز نہیں پڑھتے؟ کیا ہم روزے اور زکوٰۃ کی پابندی نہیں کرتے۔ یہ سب کام ایک مسلمان معاشرے میں رہنے کیلئے ان کو حقدار تو بنا سکتے ہیں لیکن جب معاملہ ایمان کا آتا تھا تو فرار ہو جاتے تھے۔

کیا وجہ ہے کہ حج زندگی میں ایک بار فرض ہوتا ہے اور اس پر لکھی جانے والی کتابوں کی تعداد لاکھوں میں ہے۔ زکوٰۃ اور روزے سال میں ایک بار فرض ہوتے ہیں ان پر لکھی جانے والی کتابیں بھی لاکھوں میں ہیں۔ نماز دن میں پانچ مرتبہ ہے ساری نمازیں مِلا کر ایک گھنٹے سوا گھنٹے میں ادا ہو جاتی ہیں۔ لیکن نماز اور اس کے اختلافی مسائل پر لکھی جانے والی کتابوں، مضامین، وعظوں اور تقریروں کی تعداد کروڑوں میں ہے لیکن جو چیز وائرس کی طرح ہر لمحہ، ہر منٹ اور ہر سکنڈ ہمارے ساتھ ہے وہ ہے جھوٹ، غیبت، ناانصافی، بدعہدی، حرام کمائی وغیرہ۔

اتنے اہم موضوعات پر آپ نے کتنی کتابیں دیکھی ہیں؟ کتنے گرجدار وعظ اور تقاریر سنی ہیں؟ زیرو۔ یا زیادہ سے زیادہ پانچ دس۔ کیوں؟ ۔۔۔ کیونکہ ان کی حیثیت ایک مستحب کی بنادی گئی ہے کہ کرلیں تو ثواب ہے ورنہ کچھ نہیں۔

حقوق العباد کو نظر انداز کر کے پورا زور نمازوں پر لگانے سے ہوتا کیا ہے اسکا اندازہ سعودی عرب کا جائزہ لینے سے ہوتا ہے۔ ہم سعودیوں سے زیادہ نماز کی پابندی نہیں کرسکتے۔ وہ نہ صرف خود انتہائی پابندی سے نماز پڑھتے ہیں بلکہ ڈنڈے کے زور پر پورا

مارکٹ بند کرواکر نماز پڑھواتے ہیں۔ اگر کسی نے دوکان بند نہ کی تو رات بھر لاک اپ میں بند بھی کر دیتے ہیں۔ لیکن کسی بھی سعودی عرب سے آنے والے سے پوچھئے کہ اِن کے اخلاق و کردار کا کیا حال ہے۔ آپ کو اندازہ لگ جائیگا کہ دنیا میں سب سے زیادہ نماز اور دیگر ستونوں کی حفاظت کرنے والی قوم کی اکثریت کے اخلاق و کردار، عدل وانصاف اور حلال کمائی کا کیا حال ہے۔

ایمانداری کی بات تو یہ ہیکہ یہ نہ صرف سارے عربوں کا بلکہ ہمارا اور آپ کا بھی یہی حال ہے۔ ہم نے حقوق العباد کے بجائے صرف ستونوں کو اپنی پہچان بنالی ہے۔ لاکھوں بلکہ کروڑوں ستون کھڑے کرتے چلے جارہے ہیں۔ ہر طرف بس ستون ہی ستون۔ تاحدِّ نظر صرف ستون۔ ایوانوں میں ستون، سڑکوں پر ستون، محلوں میں ستون، جھگّیوں میں ستون، شیعوں کے ستون، سنّیوں کے ستون۔ ماشااللہ ہر طرف ستون ہی ستون۔

کیا آپ نہیں جانتے کہ جس پلاٹ پر صرف ستون کھڑے کر کے چھوڑ دیئے جائیں اور عمارت نہ تعمیر کی جائے تو اس پلاٹ کا کیا انجام ہوتا ہے۔ اس پر چور اچکّے قبضہ کر لیتے ہیں۔ اس پر ہم نے عمارت کی تعمیر کا سنجیدگی سے کبھی نقشہ ہی نہیں بنایا۔ اگر نقشہ بناتے تو سمجھ میں آتا کہ اتحاد اس عمارت کی چھت تھی تو حقوق العباد اس کا فرش، حلال کمائی اسکی دیواریں تو عدل وانصاف اسکے دروازے۔ سچائی اس کی روشنی تو نماز، روزہ، زکوٰۃ اور حج اس کے ستون ہوتے۔

آج کوئی جماعت یا گروہ یا سلسلہ ایسا نہیں ہے جو ان خالی ستونوں پر عمارت تعمیر کرنے کا شعور رکھتا ہو۔ اسی وجہ سے عفوودرگزر، عجزوانکساری ہمارے دلوں سے اٹھالیئے گئے جو کہ کسی مسلمان کی بلکہ اسلام کی اصل پہچان تھے۔ نتیجہ یہ ہوا کہ ہر ہر شخص جو

چاہے نماز کبھی کبھار ہی پڑھتا ہو اپنی جیبوں میں تکفیر کے اسٹامپ لے کر گھومنے لگا اور یہودیوں، نصرانیوں اور مشرکوں کو تو چھوڑ یئے خود مسلمانوں ہی کو اسلام سے خارج کرنے لگا۔

کوئی ذاکر نائک پر تو کوئی دیوبندی و اہلحدیث پر تو کوئی بریلوی حضرات پر مشرک، کافر اور بدعتی کے فتوے ٹھوک رہا ہے۔ جس طرح کسی سڑک چھاپ کیلئے گالی دینا آسان ہے اسی طرح ہمارے ایسے دینی بھائیوں کیلئے اختلاف الرائے رکھنے والے کو ایجنٹ، گمراہ، جدید تعلیم کا پروردہ، باغی اور دین سے نابلد کہہ دینا آسان ہے۔ شیعہ اور سنّی تو یوں بھی ایک دوسرے کو کافر اور دشمنِ اسلام قرار دے چکے ہیں۔ لاکھوں ستونوں کے کھڑے ہونے کے بعد بھی اگر خانہ جنگی کا یہ حال ہے تو کیا کوئی تصوّر کر سکتا ہے کہ ان ستونوں پر کبھی کوئی عمارت کھڑی بھی ہو سکے گی؟

حقوق العباد کا ایک نمونہ ملاحظہ ہو۔

حضرت عمرؓ سنگِ اسود کو مخاطب ہو کر فرماتے ہیں "تو مجھے صرف اس لئے عزیز ہے کہ رسول اللہ ﷺ نے تجھے بوسہ دیا تھا ورنہ تو مجھے کسی مسلمان کے دل سے زیادہ عزیز نہیں"۔

اور آج ہماری شدّت پسندی بلکہ دہشت گردی کا یہ عالم ہے کہ مسجدوں پر لکھ کر لگا دیتے ہیں کہ یہاں فلاں فلاں عقیدے کے لوگوں کا داخلہ ممنوع ہے۔ نعوذ باللہ۔ ایسی مساجد کے پورے ذمہ داران، امت میں تفریق و انتشار پھیلانے کے مرتکب ہیں اور کھلے عام کوڑے مارے جانے کے قابل ہیں۔ اس شدّت پسندی کا نتیجہ یہ ہے کہ آج پ ٪۹۵ لوگ صرف انہی مذہبی جنگوں کی وجہ سے مسجدوں سے اور دین سے دور جا چکے ہیں۔ گھروں میں نماز پڑھتے ہونگے لیکن مسجدوں میں نہیں آتے۔ یہ جتنے مذہبی اختلافات بلکہ

فسادات ہیں محلے یا شہر کا سروے کریں تو ثابت ہو جائیگا کہ مشکل سے ۵٪ لوگ ہیں جو ان اختلافات میں پڑے ہیں۔ انہی کو مذہب سے دلچسپی ہے۔ جلسے جلوس اور اجتماعات کرنے والے، مناظرے اور مباحثے کرنے والے چندے جمع کر کے مسجدوں اور درگاہوں یا چِلّوں کو دلہن بنانے والے یہی لوگ ہوتے ہیں۔ باقی ۹۵٪ لوگ جن میں زیادہ تر پڑھے لکھے لوگ ہوتے ہیں وہ ان چیزوں کی وجہ سے دینی کاموں سے دور بھاگتے ہیں۔ ان کے ذہن خالی ہیں۔ بخدا وہ دین سے بیزار نہیں بلکہ دین کے نام پر ان جھگڑوں سے بیزار ہیں۔ اس کا پورا پورا فائدہ اٹھا کر کئی چالاک لوگوں نے وسیلوں، نسبتوں، شفاعتوں اور مغفرت کے چور دروازے کھول لئے ہیں جہاں جا کر ان سیدھے سادے لوگوں کو تسلّی اور بخشے جانے کا اطمینان حاصل ہو جاتا ہے۔

غور کیجئے یہ سب کچھ کیوں ہو رہا ہے؟ یہ اسلئے کہ اسلام کے نام پر ہمیں جس شدّت سے مسلکوں کے درمیان فقہی، علمی اور تصوّف کے مسائل سمجھائے گئے کبھی اس شدّت اور گھن گرج سے حقوق العباد نہیں سمجھائے گئے جن کی اہمیت کیلئے ایک حدیث کافی ہے کہ رسول اللہ ﷺ کعبہ کا طواف فرماتے ہوئے کعبہ کو مخاطب کر کے فرماتے ہیں کہ:

اللہ کے نزدیک کعبہ کی حرمت کسی مومن کی جان و مال کی حرمت سے زیادہ عظیم نہیں۔

(ابن ماجہ جلد سوم حدیث ۱۷۱)

یا حجۃ الوداع کا یہ خطبہ کہ

"آج کے بعد کسی بھی مسلمان کی جان، مال اور عزت تم پر ایسے ہے حرام ہے جیسے آج کا دن، یہ مہینہ اور یہ مقام"۔

یا یہ حدیث کہ کسی مسلمان کے کفر کیلئے یہی کافی ہے کہ وہ کسی دوسرے مسلمان کی

تحقیر کرے۔

کیا کوئی قرآن یا حدیث سے یہ ثبوت لاسکتا ہے کہ کسی مسلمان کو باوجود اسکے بُرے اعمال کے، کافر، مشرک یا منافق کہنے کا حق دیا گیا ہو؟ آخر یہ کس اسلام کو ماننے والے لوگ ہیں جو کسی کو بھی کافر، مشرک یا منافق کہہ دینے کی جرات کرتے ہیں؟ کس نے انہیں یہ حق دیا ہے؟ ان کے ماننے والے خود ہی اُن کی اسلام سے وقفیت کا اندازہ کر لیں تاکہ یہ ہم پر بھی کل یہی الزام نہ لگا سکیں۔

اور اگر کہیں اس اجازت کا ثبوت مل جائے تو خدارا ہمیں بھی بتایئے۔ ہم بھی ایسے کئی لوگوں سے واقف ہیں جو مسلمان ہوتے ہوئے کئی کفریہ، شرکیہ اور منافقانہ حرکتوں میں مبتلا ہیں لیکن ہم انہیں راست کافر، مشرک یا منافق کہنے سے اسلئے معذور ہیں کہ کسی مسلمان کو بھی دوسروں کی تکفیر یا تحقیر کرنے کی ہرگز اجازت نہیں۔

اب سوال یہ ہیکہ ہمیں کرنا کیا ہے؟ چونکہ ہمارے معاشرے کی پوری دینی ذہنیت کی تشکیل انہی استادوں، بزرگوں، پیروں، مرشدوں، صباحی مدرسوں، جمعہ کے خطبوں اور مختلف جلسوں سے ہوئی ہے جن کا سرچشمۂ علم مدارس ہیں۔ علما اور مفتی جو دین کی سمجھ لے کر باہر نکلتے ہیں وہ سوچ و فکر عوام کے ذہنوں میں بیٹھتی ہے۔ اسطرح یہ کہنا غلط نہ ہوگا کہ ہمارے دینی علم و عمل کا چشمہ و منبع مدرسہ ہی کی تعلیمات ہیں۔ اسلئے ہمیں مدرسوں کے نصاب پر غور کرنا ہوگا جہاں دین پڑھایا جارہا ہے۔

جو درسِ نظامی کئی سو سال سے مدرسوں کے نصاب میں رائج ہے اسے ترتیب دیئے گئے کئی صدیاں گزر چکی ہیں۔ جس وقت یہ ترتیب دیا گیا تھا اس وقت مسلمانوں کی حکومت تھی۔ مسلم کلچر غالب تھا۔ مسلمان قاضی عدالتوں میں فیصلے کرتے تھے۔ اس وقت کی ضروریات کے لحاظ سے جس قسم کے علما اور مفتی درکار تھے اس کے پیشِ نظر

نصاب ترتیب دیا گیا تھا۔ اب وقت بدل چکا ہے۔ اب کئی سو سال قبل کے کوفہ، بصرہ و شام کے حالات آج کے ہندوستان پاکستان کے حالات سے یکسر مختلف ہیں۔ وقت بدل چکا ہے۔ سوسائٹیز بدل چکی ہیں۔ ضروریات بدل چکی ہیں۔

کیا مرے عہد کا تقاضہ ہے
کیا صدا آ رہی ہے منبر سے

سب سے پہلے تو یہ جو طوطوں کی طرح قرآن رٹا کر ہم ہر سال سینکڑوں حفّاظ پیدا کر رہے ہیں، حفظ کا یہ طریقہ عربوں کا طریقہ تھا۔ ان کی مادری زبان عربی تھی اسلئے صرف قرآن رٹا دینا ان کیلئے کافی تھا۔ وہ بآسانی سمجھ لیتے تھے۔ ہم نے عربوں کی اندھی تقلید میں وہ حفّاظ پیدا کرنے شروع کر دیئے جنکی زبان ہی عربی نہیں تھی۔ اسلئے وہ قرآن سمجھنے سے معذور تھے۔ یقیناً حافظِ قرآن کے لئے آخرت میں عظیم درجات ہیں۔ قرآن یاد کرنے کا ثواب اپنی جگہ مسلّمہ ہے لیکن حافظ اگر قرآن کے معنی و مطالب نہ بتا سکے تو اس دنیا کو کوئی فائدہ نہیں جس دنیا میں قرآن سے ناآشنائی کی وجہ سے مسلمان ذلّت و رسوائی سے دوچار ہیں۔ جسطرح قرآن کی عربی رٹاتے ہیں اسی طرح اسکا ترجمہ بھی رٹایا جائے جیسے

الم * ذلك الكتاب لا ريب فيه هدى للمتقين

الم * یہ وہ کتاب ہے جس میں کوئی شک نہیں اور یہ ہدایت ہے ڈرنے والوں کیلئے

اس طرح عربی کے ساتھ ساتھ اردو یا جو بھی بچے کی مادری زبان ہو، اسی زبان میں ترجمہ بھی رٹایا جائے۔ الحمدللہ اب کوئی زبان ایسی باقی نہیں رہی جس میں قرآن کا ترجمہ موجود نہ ہو۔ حفظ کی مدت میں اگر دو ایک سال کا اضافہ ہو جائے تو ہونے دیجئے۔ ہمیں

حفاظ پیدا کرنے کی ایسی کوئی جلدی بھی نہیں۔ اپنی زبان میں قرآن سمجھنے کی صلاحیت لے کر پانچ سال میں آنے والا حافظ اس حافظ سے کہیں زیادہ بہتر ہے جو بغیر سمجھے قرآن دو تین سال میں رٹ کر آجاتا ہے۔

اسی طرح ہمارے مدرسوں میں فقہ کے بوجھ کو کم کر کے حقوق العباد کے مضامین زیادہ پڑھائے جائیں۔ کردار سازی، اخلاقیات، معاشرت وغیرہ یہ تمام حقوق العباد ہی کے حصے ہیں۔ طلاق و خلع کے پیچیدہ اور مفروضہ مسائل کو کم کر کے کونسلنگ کا مضمون پڑھایا جائے۔ رسول اللہ ﷺ کی ایک حیثیت کونسلر کی بھی تھی۔ ان کے پاس کئی باپ، بیٹے، بیویاں اور شوہر شکایتیں لے کر آتے اور آپ ﷺ ان کی کونسلنگ فرماتے۔

ایک موقع پر آپ ﷺ نے صحابہؓ سے فرمایا:

کیا میں تمہیں ایک ایسی چیز نہ بتاوں جو درجے میں نماز، روزہ، زکوٰۃ، حج اور دوسری کئی نیکیوں سے افضل ہے۔

صحابہؓ نے فرمایا ضرور یا رسول اللہ ﷺ۔

آپ نے فرمایا: دلوں کے درمیان اختلافات کو دور کرنا کیونکہ اس سے دین منڈھ جاتا ہے۔

امریکہ اور یورپ کے ہر کالج میں یہ مضمون پڑھایا جاتا ہے اس پر ڈاکٹریٹ ہوتی ہے۔ لیکن ہمارے ہی مدرسے سے یہ مضمون خارج ہے۔ اسی کی وجہ سے آج گھر گھر کے جھگڑے پولیس تھانوں اور عدالتوں میں جا رہے ہیں۔ جو فیصلے ہمارے علما کو کرنے چاہئے تھے وہ بے دین بلکہ دشمنِ دین افراد کر رہے ہیں۔ غنڈے، پہلوان اور وکیل مسلمانوں کی کمائی لوٹ رہے ہیں۔ ایک ہی نشست میں تین طلاق یا ایک طلاق کی بحثوں کی وجہ سے یا جہیز کی وجہ سے ہزاروں خاندان برباد ہو رہے ہیں۔ ہزاروں بچے کہیں ماں سے دور کہیں

باپ سے دور ہو رہے ہیں۔ لڑکیاں بھاگ رہی ہیں، غیر مسلمین سے شادیاں کر رہی ہیں۔ کیا کونسلنگ جیسا اہم ترین سبجکٹ علما کے نصاب میں شامل نہیں ہونا چاہئے؟ کیا اتنی اہم ترین سنّت ہمارے مدرسوں میں نہیں پڑھائی جانی چاہئے؟

زکوۃ کا نظام قائم ہو جائے تو آج دنیا کا سب سے بدترین مسئلہ یعنی غربت حل ہو سکتا ہے۔ یہ اکنامکس اور کامرس سے تعلق رکھنے والا سبجکٹ ہے۔ لیکن ہم نے یہ سبجکٹ نصاب سے دور رکھا۔ بنک کو حرام کر کے بہت بڑا اجہاد کرلیا۔ حلف الفضول اور میثاقِ مدینہ کے ذریعے رسول اللہ ﷺ نے دنیا کو سب سے پہلا لائف انشورنس کا چارٹر دیا تھا لیکن ہم نے اسی کو حرام قرار دے دیا۔ ہزاروں لوگ جو حادثات یا بیماریوں میں اچانک موت کے حوالے ہو جاتے ہیں ان کی بیواؤں اور بچوں کیلئے زکوۃ، خیرات اور بھیک کو جائز کیا لیکن ان کے لیے خودداری کے ساتھ جینے کیلئے ایک متبادل لائف انشورنس سسٹم نہیں بنا سکے۔

بقول احمد بن عبدالعزیز بن باز سابق مفتی اعظم سعودی عرب کہ "ہم نے پچھلے دو سو سال میں اکنامکس یا بنکنگ میں کوئی نئی تحقیق نہیں کی۔ صرف کاپی پیسٹ کا کام کرتے رہے"۔

ہم ان مضامین میں پورے دو سو سال پیچھے ہیں جس کا نتیجہ یہ ہے کہ آج ہم انہی بنکوں کی قطاروں میں بھکاریوں کی طرح کھڑے ہیں۔ اور ہمارے معاشی مستقبل کا فیصلہ کرنے والے وہی لوگ ہیں جن کی کارکردگی کو ہم نے خود حرام قرار دیا ہے۔ کیا یہ مضامین سمجھنے والے علما کی ضرورت نہیں۔ کیا یہ مضمون مدرسوں میں لازمی پڑھایا جانا ضروری نہیں؟

ایک حدیث کے مطابق فرمایا رسول اللہ ﷺ نے

"الطہور شطر الایمان"
یعنی پاکی، صفائی ستھرائی آدھا ایمان ہے۔ یہ مضمون آج ماحولیاتی سائنس کی بنیاد ہے۔ آج مسلمان گھر، حمام اور محلّے دیکھئے، مدرسوں یا مسجدوں کے حمام دیکھئے، سب سے گندے ہوتے ہیں۔ گندی نالیوں اور بدبودار کچرے کے ڈھیروں کے درمیان سے مسجد جانے والوں کو ہم نے کبھی یہ نہیں بتایا کہ پاکی ایمان کا ویسا ہی اہم حصہ ہے جیسے نماز۔ انتہا تو یہ ہے کہ مقدس ترین مقامات مکہ مکرمہ سے مدینہ منورہ تک اگر کار سے سفر کریں تو دیکھیں کہ راستے میں کیا کوئی ایسا حمام ہے جس کی گندگی اور بدبو کی وجہ سے آپ کراہیت کے بغیر جاسکتے ہوں؟

اس کے مقابلے میں امریکہ یا یورپ کے کسی کاونٹی کا سفر کیجئے آپ دیکھیں گے ان لوگوں کے حمام آئینے کی طرح صاف ہوتے ہیں۔ کیونکہ انہوں نے "الطہور شطر الایمان" کا مطلب سمجھا اور Environmental Sciences کا پورا مضمون ڈیویلپ کردیا اور ہم اس حدیث کا مطلب مسواک، ستر سے نیچے کی صفائی اور ڈھیلہ سکھانا سمجھاتے رہے۔

کیا اس مضمون کو تھیوری اور پراکٹیکل کے ساتھ مدرسے میں نہیں پڑھایا جانا چاہئے۔ کیا پاکی اور صفائی ایمان کا حصہ نہیں ہے؟ کیا دنیا کو یہ پیغام نہیں دیا جاسکتا کہ مسلمان صفائی پسند قوم کا نام ہے؟

دنیا کو کوئی بھی پروڈکٹ ہو کہ نظریہ یا تحریک، بغیر مارکٹنگ کے ہرگز نہیں چل سکتے۔ اسی طرح اگر دینِ اسلام حق ہے تو اس کی بھی مارکٹنگ انتہائی ذہانت کے ساتھ منظّم طریقے سے ہونی چاہئے۔ اسی کو "دعوت" کہتے ہیں۔ یہ کام مسلمانوں میں، عورتوں میں، طلبا میں، مزدوروں میں، غیر مسلمین میں کیسے سکھایا جائے، یہ ایک مکمل سبجکٹ ہے۔

اس دین کو قائم کرنے کیلیئے دعوت ریڑھ کی ہڈی کی طرح اہم ہے۔ لیکن بد قسمتی سے اتنا اہم مضمون ہمارے مدرسے کے نصاب میں شامل نہیں۔ جس کی وجہ سے جب دوسرے عصری تعلیم سے لیس داعی میدان میں آتے ہیں تو پھر یہی علما ان سے تعصب برتتے ہیں ۔ ان پر قرآن و حدیث کے علوم سے ناواقفیت کا الزام لگا کر غیر ارادی طور پر ایک پروپیگنڈا کرنے کے مرتکب بھی ہوتے ہیں۔ جس سے ایک برہمنیت سامنے آتی ہے کہ دین کے موضوع پر خبر دار سوائے ہمارے کوئی نہ بولے۔

کیوں نہ دعوت کا مضمون خود مدرسے میں شروع کیا جائے اور تھیوری کے ساتھ پراکٹیکل کروایا جائے ورنہ ان مدرسوں سے نکلنے والے علما اور مفتی ایک منجمد تالاب کی طرح ہو کر رہ جائیں گے۔ عام طور پر جمعہ کے دن اردو اخبارات میں مذہبی سوالات کو پڑھیئے اور سوال کرنے والوں کے ذہنی معیار کا اندازہ لگایئے۔ بعض سوالات تو اس قدر بچکانہ ہوتے ہیں کہ اندازہ ہوتا ہے کہ دین کے معاملے میں لوگ کامن سنس سے کام ہی لینا نہیں چاہتے۔ سوال کرنے والوں سے زیادہ حیرت جواب دینے والوں پر ہوتی ہے۔ اسی معیار کے لوگ پھر علما اور مفتیوں کے قریب آئیں گے تعلیم یافتہ طبقہ انہیں دور ہی سے سلام کرے گا۔ زیادہ سے زیادہ یہ کہ معالی تعاون کر دے گا۔

آج علما کو یہ شکایت ہے کہ مدرسوں میں سوائے غریب، یتیم اور مسکین طلبا کے کوئی داخل نہیں ہوتے۔ لوگ خاطر خواہ چندہ نہیں دیتے۔ علما کی عزت نہیں کرتے سوائے چند اہم موقعوں پر تقریر کروا کر لفافے دینے کے۔

ایسا اس لئے ہے کہ ایک عالم کو اپنے وقت کا قائد بھی ہونا چاہئے۔ لیکن جو کھیپ مدرسوں سے نکل رہی ہے کیا وہ قیادت کر سکتی ہے؟ یہ حضرات چند مسلمان محلوں میں جلسوں کو مخاطب کر کے خوش ہیں کہ لوگ اب بھی ان کے قریب ہیں۔ یہ ان کی غلط فہمی

ہے۔ جیسا کہ عرض کیا گیا اب دین اور علما سے دلچسپی رکھنے والوں کا پورے شہر میں فیصد پانچ سے زیادہ نہیں۔ گاوں اور ضلعوں میں ذرا زیادہ ہے۔ باقی ٪۹۵ لوگ بہت تیزی سے دور ہو رہے ہیں۔ اب اگر امت کو دین پر دوبارہ واپس لانا ہو تو پہلے مدرسوں سے وہ پروڈکٹ نکالا جائے جس کی عہدِ حاضر میں ضرورت بھی ہو۔ جو تعلیم یافتہ طبقہ کی ہر میدان میں علمی قیادت بھی کر سکے۔ اگر پروڈکٹ اچھا ہو تو لوگ ڈبل قیمت دے کر خریدتے ہیں ورنہ وہ پروڈکٹ ردّی کے دام بِکتا ہے۔

اس کے لئے ضروری ہے کہ جو نصاب صدیوں پہلے بنا تھا عہدِ حاضر کی ضروریات کی روشنی میں از سرِ نو ترتیب دیا جائے۔ الصناعہ والبدایہ، ہدایہ، قدوری، متوّل، کتاب البیوع جیسی فقہ کی کتابوں کا مواد ٪۶۰ سے زیادہ آوٹ ڈیٹیڈ ہو چکا ہے۔ اسے کم کیا جائے۔ اسکے علاوہ ایک اور مضمون جو ہر مدرسے میں پڑھایا جاتا ہے وہ ہے الفوزالکبیر فی اصول التفسیر۔ ہم جانتے ہیں اس پر کچھ تبصرہ کرنا شہد کے چھتّے میں ہاتھ ڈالنا ہے۔ بہت کم علما حقیقت پسند ہوتے ہیں۔ زیادہ تر لوگ اپنے استادوں کے پڑھائے ہوئے اسباق کو وحی مان کر اس کے خلاف کچھ بھی سننا نہیں چاہتے اور اختلاف کرنے والے پر فتوے داغ دیتے ہیں یا پھر ایسے تبصرے کر دیتے ہیں جس سے کہنے والا عوام میں مشکوک ہو جائے۔ لیکن چونکہ آج یہ وقت کی اہم ترین ضرورت ہے۔ اگر اس پر غور نہ کیا گیا تو امت مسلمہ کبھی تعصباتِ مذہبی سے باہر نہیں نکل سکتی۔

اسلئے ہم کہنے پر مجبور ہیں کہ علامہ سیوطیؒ نے مفسّرِ قرآن ہونے کیلئے جو شرائط تصنیف کی ہیں وہ اگرچہ کہ انتہائی نیک نیتی پر مبنی ہیں لیکن بہر حال وہ ان کی ذاتی رائے بلکہ اجتہاد ہے۔ کوئی وحی نہیں ہے۔ ان شرائط کو پڑھنے کے بعد ایک عالم یا مفتی عہدِ حاضر کی تمام عصری تفاسیر پر جب نگاہ ڈالے گا تو ان شرائط کی کسوٹی پر سوائے چند ایک قدیم

تفاسیر کے باقی ساری تفاسیر یا تو مشکوک یا پھر رد ہو جائینگی۔ اِلّا یہ کہ کوئی ایسی تفسیر ہو جو اسکے مکتبِ فکر کے مفسّر کی ہو۔

جس طرح بائیبل کی سینکڑوں مختلف جلدیں وجود میں آگئیں اور ہر ایک کا ماننے والا فرقہ اپنی بائبل کے حق ہونے کا دعویٰ کرتا ہے اسی طرح قرآن کے ساتھ بھی ہوگا۔ سب کا قرآن ایک ہوتے ہوئے بھی ہر ایک فرقہ یا جماعت ایک دوسرے کے قرآن کی تعبیر کو ماننے سے انکار کر دے گا۔ قرآن کی مختلف تعبیرات ہونے میں کوئی برائی نہیں کیونکہ ہر مفسّر اپنے دور کے پیشِ نظر قرآن کا جائزہ لے گا لیکن امام سیوطیؒ کے اصول پڑھ کر نکلنے والے علما جب کئی تفاسیر اور ان کے مفسرین کو رد یا مشکوک کرینگے تو ان تفسیروں کے چاہنے والے ان علما کو رد کرینگے۔

اور ہندوستان پاکستان میں تو یہی ہوتا آیا ہے۔ دونوں فریق جب اپنا مقدمہ عوام کے سامنے پیش کرینگے تو کنفیوزڈ عوام دونوں کو رد کریں گے اور اب تک یہی ہوتا آیا ہے۔ اسی کے نتیجے میں بے شمار فرقے، جماعتیں اور مسلک وجود میں آئے ہیں۔ اور اسی علمی چپقلش کے نتیجے میں یہ دماغوں میں بٹھایا جاتا ہے کہ قرآن سب کے سمجھنے کی چیز نہیں بس تلاوت کرتے رہو اور مرحومین کو بخشواتے رہو۔ عہدِ حاضر میں قرآن سے رہنمائی حاصل کرنے کا کام بس علما پر چھوڑ دو۔

کون سے علما؟ وہی علما جن کو دوسرے مسلک کے علما عالم ہی نہیں مانتے۔ اگر مانتے بھی ہیں تو دوسرے تیسرے درجے کا عالم مانتے ہیں۔ علما کی بے حرمتی کسی اور نے نہیں کی بلکہ خود علمانے کی ہے۔ ایک مسلک کا عالم جب دوسرے مسلک کے عالم کی تحقیر کرے گا تو عوام کی نظر میں دونوں مشکوگ ہو جائیں گے اور یہی ہوا ہے۔ کیونکہ جن مسائل کو مدرسے میں زیادہ زور پڑھایا جا رہا ہے ان میں یہ مضمون اس اہمیت اور زور کے ساتھ

شامل نہیں ہے جس میں دوسرے کسی دوسرے مسلمان کی عزت کی اہمیت ہے۔

ہمیں مسائل کو قدیم دور کے ائمہ و اولیا کے زمانے میں لے جاکر حل کرنے کے بجائے یہ سوچنا چاہئے کہ آج کے انٹرنیٹ کے دور میں اگر وہ ائمہ و اولیا زندہ ہوتے تو کس طرح دین پھیلاتے اور کس طرح فقہ کی تدوین کرتے۔ ورنہ ہو گا یہ کہ اپنے عہد کے مسائل کو جب ہم ہزار بارہ سو سال پہلے کے کوفہ و بصرہ یا دمشق میں لکھی گئی کتابوں کی روشنی میں حل کرنے کی پرانی روش پر چلتے رہیں گے تو زمانے سے صدیوں پیچھے چلے جائیں گے۔ اور یہی ہوتا آیا ہے۔ پرنٹنگ مشین کی ایجاد کے ستّر پچھتّر سال کے بعد تک بھی ہم پرنٹنگ مشین کو حرام قرار دیتے رہے۔ ترکی میں جب پانی کا جہاز بنا تو بخارات سے چلنے والے جہاز کو علمانے حرام قرار دیا۔ ایک دور ایسا بھی تھا جب لاوڈ اسپیکر، گھڑیال دیکھ کر نماز پڑھنا، عورتوں کا مسجد میں آنا، انگریزی تعلیم، عورتوں کی تعلیم، یونیورسٹی کی تعلیم وغیرہ حرام تھے۔ ٹی وی اور انٹرنیٹ تو ابھی حال حال تک حرام تھے۔ آج تک ہم دنیا کو بنک کا متبادل تو نہیں دے سکے لیکن بنک کو ضرور حرام کیا۔ کل تک سعودی عرب میں کار انشورنس، میڈیکل انشورنس، لائف انشورنس اور جنرل انشورنس حرام تھے۔ انڈیا پاکستان میں تو آج بھی حرام سمجھے جاتے ہیں کیوں؟ کیونکہ علامہ اقبال کے بقول

شیر مردوں سے ہوا بیشۂ تحقیق تہی
رہ گئے صوفی و ملا کے غلام ائے ساقی

اور دوسری وجہ یہ ہیکہ

آئینِ نو سے ڈرنا طرزِ کہن پہ اڑنا
منزل یہی کٹھن ہے قوموں کی زندگی میں

ہم کہتے ہیں کہ یونائیٹیڈ نیشنس، ہیومن رائٹس اور ویمنس رائٹس کے چارٹر تو اسلام نے چودہ سو سال پہلے ہی اسلام نے ہمیں دے دیئے تھے۔ پھر چودہ سو سال سے ہم کہاں مچھلیاں پکڑ رہے تھے کہ دنیا کے سامنے پیش ہی نہیں کرسکے نہ کسی ملک میں نافذ کرسکے۔ اگر کوئی ایک بھی مسلمان ملک ان کو نافذ کرلیتا تو دنیا کیلئے انسانیت کا ایک نمونہ ہوتا۔

بہر حال ایسے مضامین جن سے امت کی مزید تقسیم ہونے کا اندیشہ ہے انہیں ختم کرنا لازمی ہے۔ منطق کے نام پر بھی صدیوں پرانی منطق پڑھائی جاتی ہے۔ عہدِ حاضر میں علامہ اقبال کو ساری دنیا مانتی ہے۔ ان کی منطق The Construction of thought in Islam جو بشمول جرمنی کے کئی یورپی اور امریکی یونیورسٹیوں میں پڑھائی جاتی ہے ایسے عصری فلاسفرز کی تصانیف بھی پڑھائی جانی چاہئے کیونکہ علامہ اقبال ایک ایسے فلسفی ہیں جو نظم اور نثر میں نہ صرف جوشِ ایمانی سے آراستہ کرتے ہیں بلکہ ان کی شاعری میں بین السطور قرآن، حدیث، سیرت، تاریخ، فلسفہ اور عہدِ حاضر کے تقاضے پوشیدہ ہوتے ہیں۔

حقوق العباد کو قائم کرنے کا ایک اور ذریعہ موجودہ دور کی دعوتی تحریکیں بن سکتی ہیں۔ بالخصوص وہ تحریکیں جو غیر مسلمین میں کام کررہی ہیں۔ ان سے ہماری خصوصی درخواست ہے کہ اپنے دعوتی نصاب میں تھوڑی سی تبدیلی کریں۔ گاؤں گاؤں جاکر یہ لوگ اپنی جانوں کو جوکھم میں ڈال کر جو کام کررہے ہیں وہ غیر معمولی جہاد ہے۔ ماشاﷲ۔ توحید کی دعوت مختلف زبانوں میں یہ حضرات بہت خوبصورتی اور لاجِک کے ساتھ پیش کرتے ہیں۔ انسانی نفسیات یہ ہے کہ جب کوئی اس دعوت سے متاثر ہوتا ہے تو فوری اس

کے ذہن میں یہ آتا ہے کہ "مجھے کیا کرنا ہوگا"۔ یہ لمحہ گرم لوہے پر ہتھوڑا مارنے کا ہوتا ہے۔ ہم لوگ اسی لمحے کو ضائع کرڈالتے ہیں اور انہیں ایسا ہوم ورک دیتے ہیں جسے خود مسلمان پورا نہیں کرسکتے۔ ایسے وقت میں انہیں حقوق العباد کی وہ دعوت دیجئے جو حبشہ اور روم کے دربار میں مسلمانوں نے پہلی بار دی تھی کہ

" ہم لوگ جھوٹ بولتے، اپنی بیٹیوں کو زندہ دفن کردیتے لیکن اللہ کے نبی محمد ﷺ نے آکر ہماری زندگی بدل دی۔ ایک خدا کا ماننا، آخرت کی جوابدہی ملحوظ رکھتے ہوئے سچ بولنا، عورتوں کے حقوق دینا اور حرام کمائی سے بچنا سکھایا"۔

آپ کی دعوت سے جو بھی متاثر ہوکر قریب آئے اسے سب سے پہلے یہ سکھایئے کہ مسلمان ہونے کے بعد جھوٹ بولنا حرام ہے۔ ان کے ذہنوں میں بٹھایئے کہ مسلمان انصاف کرنے والا ہوتا ہے۔ اور مظلوم کی مدد کیلئے کھڑا ہونے والا ہوتا ہے۔ مسلمان کبھی حرام کے لقمے کو ہاتھ نہیں لگا سکتا اسلئے اس کے نزدیک جھوٹ، رشوت، سود، چوری، جہیز، شراب وغیرہ حرام ہیں۔ اب لوگ اگر ان چیزوں کو اپنے دماغ میں بٹھالیں گے تو ان کے دوست اور رشتہ دار خود اس انسان میں تبدیلی دیکھ کر اسلام کے قریب آئیں گے۔

حقوق العباد کو قائم کرنے کا ایک اور طریقہ یہ ہیکہ ایک دیڑھ گھنٹے والے صباحی یا عصری مدرسوں کو پھر سے قائم کیا جائے۔ مسجد یا کسی کا گھر بڑا ہو تو محلے کے بچوں کو قرآن کے ساتھ ساتھ حقوق العباد زیادہ سے زیادہ یاد دلائے جائیں ورنہ نئی نسل میں جس تیزی سے آوارہ گردی، بے دینی اور بے حیائی بڑھتی جارہی ہے اس کو روکنا ناممکن ہوجائیگا۔

مختصر یہ کہ یہ غلط فہمی ذہنوں سے نکالی جائے کہ پانچ ستون ہی اسلام ہیں۔ ان پانچ ستونوں پر عمارت کی تعمیر اصل اسلام ہے۔ ورنہ نہ ستون کام آئیں گے نہ ان ستونوں کے

بغیر عمارت کام آئیگی۔

دونوں لازم وملزوم ہیں۔

اور عمارت کی تعمیر صرف حقوق العباد سے ہو گی۔

اللہ تعالیٰ ہمیں اسلام کی صحیح عمارت کا معمار بنائے۔ آمین

Five pillars of Islam and curricula of Madrasas - Essay: Dr. Aleem Khan Falaki

* * *

۸

عبادات کی نقدی اور معاملات کا جرمانہ

ندیم صدیقی

مسجد نبوی میں ظہر کی نماز پڑھ کر ہم باہر نکل رہے تھے۔ جہاں چپّل رکھی گئی تھی وہاں ہاتھ ڈالا تو ہماری چپل نہیں تھی۔ ساتھ میں جنابِ وسیم بریلوی اور جنابِ حبیب ہاشمی بھی تھے صحن میں چہار طرف تیز دھوپ پھیلی ہوئی تھی۔ زمین پر پیر رکھا تو دو ہی قدم پر واپس ہونا پڑا۔ ہمارے ساتھ ہی رام پور کے جواں سال گلریز میاں بھی مسجد نبوی سے باہر نکل رہے تھے۔ غالباً اُنہوں نے کسی مشاعرے میں ہمیں سُن رکھا تھا۔

کہنے لگے: کیا ہوا ندیم صاحب!

ہمارا جواب تھا: چپل نہیں ہے اور سامنے تیز دُھوپ ہے۔

گلریز میاں جو مسجد نبوی سے قریب ہی واقع اوبیرائے ہوٹل میں کھجور کے ایک اسٹال کے مینجر تھے۔ اُنہوں نے فوراً اپنے کسی ساتھی سے کچھ کہا اور وہ سامنے کے بازار سے ایک جوڑی چپل خرید لایا۔ ہم گلریز میاں کا منہ تک رہے تھے۔ انہوں نے کہا کہ ندیم صاحب! پیروں میں ڈالیے۔ آپ کی چپل کوئی سہواً لے گیا ہوگا۔ یہاں کبھی کبھار ایسا ہو جاتا ہے۔ اسے چوری نہ سمجھئے۔ وہ کوئی بدقسمت ہی ہوگا جو یہاں چوری کرے۔

ہم نے ان کا شکریہ ادا کیا اور انہیں کے ساتھ اپنی قیام گاہ کی طرف روانہ ہوگئے۔

جب قیام گاہ سے پہلی بار مسجد نبوی کے لئے نکل رہے تھے تو مشہور شاعر اور ہمارے برادرِ مکرم معراج فیض آبادی (مرحوم) نے تلقین کی کہ:

"مسجدِ نبوی کا احترام واجب ہے وہاں چپّل بھی زمین پر زور سے نہ رکھنا اور آپس میں گفتگو بھی انتہائی ضرورت ہی پر کرنا۔ اس مقام پر کسی طرح کا گلہ شکوہ بھی عبث ہوگا۔ یہ شکوے کا مقام نہیں یہاں تو بس شکر ہی شکر ادا کرو اور ہوسکے تو یہاں سے واپسی پر بھی ہر طرح کے شکوے سے بچنا۔ یہ عمل کفرانِ نعمت کے مترادف ہوگا۔ زِندگی میں پھر یہ موقع نصیب ہو، نہ ہو۔ ندیم! اپنی خوش بختی پر ناز کرو ناز کہ اللہ نے اپنے محبوب کے صدقے میں آپ کو یہاں پہنچادِیا ورنہ میں نے نجانے کتنے اشخاص کو دیکھا ہے جو حسرت ہی لئے دُنیا سے رُخصت ہوگئے کہ ایک بار اُنکی بارگاہ میں حاضری نصیب ہوجائے۔"

یہ باتیں یاد آتی ہیں تو آنکھیں نم ہوجاتی ہیں۔ معراج فیض آبادی کو اس کے بعد دوسری بار سفر حجاز نصیب نہیں ہوا۔ وہ دُنیا سے رُخصت ہوگئے۔ اللہ ان کی مغفرت فرمائے۔ ان کی تلقین ہمارے لئے کسی احسان سے کم نہیں تھی ایسا نہیں کہ ہم احترامِ مسجدِ نبوی سے ناواقف تھے مگر اِن کی تلقین نے ہمیں خبردار کر دِیا، مبادہ ہم کہیں کسی گستاخی کے مرتکب ہوجاتے۔

اس وقت بیساختہ ماہر القادری یاد آگئے جو اپنے رب کے کرم اور رسولِ کریم کے صدقے میں جنت المعلّٰی کی خاک کا حصہ ہیں حجاز کی مٹی کی تمنا اور حسرت کس محب رسول کو نہ ہوگی!! ماہر القادری نے مسجدِ نبوی کے احترام اور تقدس کو جس طرح اپنے ان دو مصرعوں میں بیان کر دیا ہے، وہ ایک درخشاں مثال ہے اللہ ان کے درجات مزید بلند کرے:

یہ بارگہِ ناز رسولِ عربی ہے
پلکوں کا جھپکنا بھی یہاں بے ادبی ہے

اسی نعت میں ایک شعر میں "مدیرِ فاران" نے یہ بھی فرمایا:

دُشوار ہے دُشوار یہاں ہوش میں آنا
اور ہوش گنوانا بھی یہاں بے ادبی ہے

یہ باتیں ذہن میں گونجنے کا سبب منیٰ کا حالیہ حادثہ اور اس کے دیگر عوامل ہیں۔ کل ایک مضمون پڑھا تھا جس کی سرخی ہی یہی تھی کہ "ایک خامی جو شاید ہم میں کوٹ کوٹ کر بھری ہے وہ ہمارا پیچھا نہیں چھوڑتی"

اگر آپ "خط کا مضموں بھانپ لیتے ہیں لفافہ دیکھ کر" والا مزاج رکھتے ہوں تو اس تحریر کے نفسِ مضمون کا اندازہ ہو جائے گا۔

یہاں یہ بھی تذکرہ ہو جائے کہ لوگ حج کرنے جاتے ہیں ان میں سے سب نہیں مگر ایسے بڑی تعداد میں ملیں گے جو شاکی ہوتے ہیں کہ وہاں ہمیں یہ پریشانی ہوئی اور اس طرح ہمیں مشکلیں پیش آئیں۔ جبکہ اللہ کی راہ میں مشکلیں تو ہمارے لئے گناہوں سے پاکی کا ذریعہ اور نیکی کا سبب بن سکتی ہیں۔ مگر ہم ہیں کہ !!

ہم اپنا ایک تجربہ بھی یہاں بیان کرنا چاہیں گے کہ مومنین کا ایک گروہ محلّے کی مسجد سے عصر کی نماز پڑھ کر نکلا اور سڑک پر وہ لوگ مسکراتے باجماعت چل رہے ہیں، سڑک تنگ مگر وہ اِس تنگی سے بے نیاز ہیں، دوسرے راہگیروں کی اُنھیں کوئی پروا نہیں۔ سامنے سے ہم آرہے تھے ،اِس گروہ کے پیچھے ایک آٹو رِکشہ اور موٹر سائیکل بھی اسی سمت سے آرہی تھی، اب ہمارے لئے مشکل تھی کہ ہم اپنے آپ کو کس طرح آٹو رِکشہ اور موٹر سائیکل سے بچائیں۔ کسی طرح ہم بچے مگر یہ واقعہ بھول نہیں پائے۔ کتنے افسوس کا مقام ہے

کہ جس مذہب میں نماز جیسی عام عبادت کے لئے بھی نظمِ صف کا حکم ہو۔ اس کے پیرو عام زندگی میں کس طرح نظم وضبط کے منکر ہیں۔ یہ تو ایک مثال ہے اگر آپ اپنے اردگرد کے ماحول پر توجہ کریں تو آپ خود اِس طرح کے مناظر دیکھ سکتے ہیں، بلکہ دیکھتے ہی ہونگے۔

بے شک سب ایک ہی جیسے مزاج کے لوگ نہیں ہوتے مگر، اوراس کی بڑی وجہ یہ بھی ہے کہ ہمارے اکثر مذہبی رہبر ہمیں اللہ کی عبادت کے احکام سے تو ضرور مطلع کرتے رہتے ہیں مگر زِندگی کے معاملات سے وہ قصداً نہ سہی مگر کسی طور ہمارے عوام کو بے خبر رکھتے ہیں۔ جبکہ اللہ کے ہاں سب سے پہلے "معاملات" ہی میں ہم پکڑے جائیں گے۔

یہ کوئی نئی بات نہیں کہی جارہی ہے۔ ہم سب اگر اپنے عام معاشرے کی طرف بغور دیکھیں تو مسجدیں بھری ہوئی ہیں اور زِندگی کے معاملات میں عام طور پر ہم صاف شفاف نہیں ہیں۔ ایک دوسرے پر جو حقوق ہیں وہ ہم میں سے کتنے ہونگے جو ادا کرتے ہوں یا ادائیگی میں سنجیدہ ہوں۔ ہم میں سے اکثر ایک دوسرے کے شاکی ملیں گے مگر ہمیں یہ توفیق نہیں ہوتی کہ ہم کسی وقت اپنا بھی محاسبہ کریں کہ ہم نے کیا کِیا اور ہمیں کیا کرنا چاہیئے تھا۔

دینِ حنیف کی گاڑی کے دو پہیئے ہیں معاملات اور عبادات!

ان دونوں میں کہیں بھی اور کسی بھی طرح کی کوتاہی ہوئی تو ہماری گرِفت ہونی ہی ہونی ہے اور عبادات کی نقدی سے معاملات کا جرمانہ وصول کیا جائے گا۔

اب ہم جو چاہیں سودا قبول کریں !!

Penalty on manners and dealings. Essay: Nadeem Siddiqui

***

۹

دور حاضر اور ہندوستانی مسلمان

آکر پٹیل

پچھلے ہفتے میری ملاقات ایک شخص سے ہوئی جو انفورسس کا سابق اعلیٰ افسر ہے۔ وہ مجھے میرے مضامین کی بدولت جانتا تھا۔ جب ہماری بات چیت شروع ہوئی تو اس کا پہلا سوال یہی تھا کہ آپ بوہرہ ہیں یا سلیمانی؟ میں نے بتایا کہ میں ان میں سے کوئی نہیں ہوں۔ میں نے ان سے کہا کہ میں ویشنوی خاندان سے تعلق رکھنے والا ہندو ہوں جو کرشنا کی پوجا کرتے ہیں۔ اس نے تعجب کا اظہار کیا کہ پھر لوگ مجھے مسلمان کیوں سمجھتے ہیں (میرے خیال سے خاص طور پر سوشل میڈیا پر) میرا اندازہ ہے کہ ایسا اس لئے ہے کہ مجھے آکار احمد پٹیل، جیسے نام دیئے جاتے ہیں۔ میرے چند مضامین کی وجہ سے یہ نام دیئے گئے ہیں۔ ہندوستان میں لوگ تنگ نظری کا شکار ہوگئے ہیں اور یہی سمجھتے ہیں کہ جو لوگ مسلمانوں کی حمایت میں لکھتے ہیں وہ مسلمان ہی ہوں گے ۔ مجھے نام رکھا جانا ہمیشہ ہی دلچسپ اور اکثر ذہانت پر مبنی لگتا ہے لیکن اس بات چیت سے میں سوچنے پر مجبور ہوگیا کہ ہندوستان میں مسلمان ہونا دراصل کیسا ہے ۔ اس مضمون میں اسی پر بحث کرنے کی کوشش کی گئی ہے۔

علاحدہ اور الگ تھلگ رہنا کیسا ہے ؟ گھیٹوائزیشن [ghettoization] کے

استعمال پر علاحدہ رہنے کی اصطلاح کو ترجیح دیتا ہوں کیوں کہ بہت زیادہ استعمال کی وجہ سے گھیٹوائزیشن کی اصطلاح اپنی حساسیت کھو چکی ہے۔ اب ہم اسے دیکھ کر نہ چونکتے ہیں اور نہ ہی یہ سوچنے کی زحمت کرتے ہیں اس کا مطلب کیا ہوتا ہے۔ اس کا مطلب یہ ہوتا ہے کہ سماج کے ایک حصے کو ہم نے اپنے علاقے سے نکال باہر کیا۔ ہم انہیں اپنے برابر اور اپنے ساتھ رہنے کے لائق نہیں سمجھتے۔ گھیٹوائزیشن کے تعلق سے یہ تصور جھوٹا اور غلط ہے کہ کچھ لوگ اپنی مرضی سے معاشرے سے کٹ کر ایک ساتھ اپنی جمعیت بنا کر رہنے کو ترجیح دیتے ہیں۔ ہندوؤں کی جانب سے مسلم پڑوسیوں اور کرائے داروں کو مسترد کرنے والے متعدد واقعات اس بات کو جھوٹا ثابت کر دینے کے لئے کافی ہیں۔

بہر حال تو پھر سماج سے ہٹ کر رہنے اور پرورش پانے کے کیا مفہوم ہوں گے؟ کیا اس کا مطلب آپ کو یہ یاد دہانی کرانا اور واضح طور پر یہ کہنا ہے کہ آپ کہاں نہیں رہ سکتے؟ میں نہیں جانتا۔ بڑودہ میں جب میں کالج گیا اور مجھے رہائش کی ضرورت پیش آئی تو نجی ہاسٹل میں مجھے کمرہ فراہم کرنے سے پہلے خاتون مالکن نے ایک ہی سوال کیا تھا، پٹیل چھو؟ یعنی پٹیل ہو؟ (اور یہی سوال کمرہ ملنے یا ملنے کی میری اہلیت کا جواب تھا) میں نے اپنی چھاتی پھلاتے ہوئے کہا تھا کہ ہاں۔ ایسا جیسے یہ کوئی بہت بڑی کامیابی ہو حالانکہ یہ اس خاتون اور میری جانب سے تعصب کا اظہار تھا۔ مجھے اس واقعہ کی یار ریڈف ڈاٹ کام پر شہزاد پوناوالا کے اس متاثر کن مضمون کو پڑھ کر آگئی تھی جس کا عنوان تھا۔ اگر وہ ہارڈک پٹیل کے بجائے حیدر پٹھان ہوتا تو کیا ہوگا؟ میں تھوڑی دیر کے لئے ٹھٹھک گیا کہ اگر کسی مسلمان نے پانچ لاکھ افراد کا ہجوم اکٹھا کر لیا ہوتا اور ہادک پٹیل جیسی اشتعال انگیز تقریر کی ہوتی تو کیا ہوتا؟ ایک قوم کی حیثیت سے ہم نے بہت کچھ کھو دیا ہوتا۔ مجھے اس کا اعتراف ہے مگر مجھے اس بات پر شرم آتی ہے کہ یہ احساس ہونے میں مجھے اتنے سال لگ

گئے۔ یہ سوچ کر میں خود کو زخم خوردہ محسوس کرتا ہوں کہ کس ظالمانہ طریقے سے ہم نے مسلمانوں کو الگ کر دیا ہے، یہاں تک کے اپنے دماغوں میں بھی۔ بحیثیت ایک مسلمان اگر آپ گزشتہ دس برسوں میں ٹیلی ویژن پر ہونے والے مباحثوں کو دیکھتیں تو آپ محسوس کریں گے کہ ان میں شور شرابہ اور جذباتیت زیادہ ہے، یہ معاشی معاملات پر مرکوز ہونے کے بجائے مسلمان اور اسلام پر مرکوز رہ جاتے ہیں۔ انہیں دیکھ کر آپ کو اکتاہٹ اور جھلاہٹ محسوس ہوگی اور چینل بدل دینے پر آپ مجبور ہوں گے الا یہ کہ آپ یہی دیکھنا چاہتے ہوں۔

حقیقت یہ ہے کہ ہندوستان میں مسلمانوں کی کوئی ایجنسی نہیں ہے۔ وہ ایک ایسی قوم ہیں جن کو برصغیر میں ہی نہیں بلکہ پوری دنیا میں ٹھیک طریقے سے نمائندگی نہیں مل پاتی۔ ۲ ملین کی خطیر آبادی مگر نمائندگی کے نام پر لوک سبھا میں صرف ۲۲ رکن پارلیمنٹ (جن میں سے ۸ مغربی بنگال سے ہیں) ہندوؤں کو اب ان اعداد و شمار پر کوئی شرمندگی نہیں ہوگی مگر مجھے حیرت ہوتی ہے مسلمان ان کے بارے میں کیا سوچتے ہوں گے۔ میں کہہ نہیں سکتا مگر میں سمجھ سکتا ہوں کہ جب بر ہم ہندو ہجرم مسلمانوں کی منہ بھرائی پر واویلا مچاتے ہیں تو ان پر کیا گزرتی ہوگی۔

میرے خیال سے ایک مسلمان کی حیثیت سے میں اس سے بری طرح ڈسٹرب ہو جاتا۔ حقائق کو برتنے اور انہیں سمجھنے کے بعد یہ احساس ہوتا ہے کہ کس طرح بے رحمی کے ساتھ متوسط طبقے کے ہندوؤں کی توجہ اسی ایک نکتے پر رہتی ہے کہ مسلمان ہی اصل مسئلہ ہیں۔ ٹائمز آف انڈیا میں کوئی بھی خبر پڑھ لیں اور پھر قارئین کے تبصروں پر نظر ڈالیں۔ میں پاکستانی اخبارات میں کسی اور ہندوستانی مضمون نظار کے مقابلے میں زیادہ طویل عرصے سے مسلسل لکھ رہا ہوں اور آپ کو یقین دلا سکتا ہوں کہ یا تو وہ لوگ اپنے

قارئین کے احمقانہ تبصروں کو ایڈٹ کر دیتے ہیں یا پھر ہم ہندوستانیوں کے بیچ سچ مچ کچھ کمینہ صفت افراد موجود ہیں جو چھوٹی موٹی اقلیت بھی نہیں ہیں۔ بدھ کی صبح جب میں یہ مضمون لکھ رہا ہوں، ہندوستان ٹائمز کی ویب سائٹ کی شہ سرخی کہہ رہی کہ بابری مسجد سانحہ افسوسناک ہے، اپوزیشن اس معاملہ کو مذہب کی بنیاد پر پولرائز کر رہا ہے: وزیر اعظم) بعد میں اس سرخی کو بدل دیا گیا کہ دادری سانحہ پر وزیر اعظم مودی کا بیان: اس واقعہ میں مرکز کا کیا رول ہے؟) اسی کے نیچے خبر ہے کہ گجرات: وی ایچ پی نے غیر ہندوؤں کو گربہ سے دور رہنے کی ہدایت دی۔

میں یہاں یہ بحث نہیں کرنا چاہتا کہ ہندوستان میں مذہب کی بنیاد پر شہریوں کو پولرائز کون کر رہا ہے۔ حالانکہ میں اس کو اچھی طرح سمجھتا ہوں اور یقین ہے کہ آپ بھی سمجھتے ہوں گے۔ جو میں کہنا چاہتا ہوں وہ کہ پولرائزیشن کا آلہ ہمیشہ نہ چاہتے ہوئے بھی مسلمانوں ہی کو بنایا جاتا ہے۔ میں یہ سوچ رہا ہوں کہ کسی مسلمان نے مذکورہ سرخیوں کو کیسے پڑھا ہوگا۔ ہر روز ملک کا مسلمان خبروں کو پڑھ کر جس ذہنی کیفیت سے گزرتا ہوگا میں اسکا عشر عشیر بھی سمجھنے کا دعویٰ نہیں کر سکتا۔ میں ان سے ہمدردی کا اظہار کر سکتا ہوں مگر ایک ہندو کی حیثیت سے مجھے یہ خوش قسمتی حاصل ہے کہ میں ایسی خبروں کو بند کر دوں اور آگے بڑھ جاؤں کیوں کہ یہ میرے بارے میں نہیں ہیں۔ اگر میں ہندوستان میں مسلمان ہوتا تو یقیناً بہت برہم ہوتا۔

What is it like to be an Indian Muslim?Essay: Aakar Patel

***

۱۰

نیکیوں کا موسم

فیروز ہاشمی

پورے عالمِ اسلام کے لیے یہ مہینہ رحمت، برکت اور مغفرت کے واسطے اللہ کی جانب سے ایک تحفہ ہے۔

ہم یہاں رمضان کی نیکیوں کے بارے میں گفتگو نہیں کریں گے۔ کیوں کہ اِس موضوع پر بے شمار مضامین اور مقالے انٹرنیٹ پر اور کتابی شکل میں موجود ہیں۔ ہم یہاں اس موضوع پر گفتگو کرنا چاہتے ہیں کہ کیا نیکیاں صرف وہی ہیں جو ہمارے معاشرے میں رائج ہیں؟ یا جسے ہم بچپن سے دیکھتے اور کرتے آئے ہیں؟ یا اصل نیکی یا کارِ ثواب عمل وہ ہے جو قومِ مسلم کو طریقۂ محمدی (صلی اللہ علیہ وسلم) سے ملتا ہے؟

اس امر میں کوئی شک نہیں ہے کہ اِس ماہ مبارک میں نیکیوں کا حجم اور پیمانہ بہت بڑھ جاتا ہے۔ ہمیں نیکیوں کا ذخیرہ بڑھانے میں خوب بڑھ چڑھ کر حصہ لینا چاہیے۔ اور بڑے پیمانے پر ہم بڑھ چڑھ کر حصہ لیتے بھی ہیں۔ لیکن ایک چھوٹی چیز ایسی ہے جو ہمارے دلوں کے اندر ہوتی ہے اور جس کے درست نہ ہونے کی وجہ سے ہمارے سارے اعمال ضائع چلے جاتے ہیں یا ضائع ہو جائیں گے۔ جس کی خبر اور احساس آج بہت کم لوگوں کو ہوتی ہے۔ اصل معاملہ کا پتا تو روزِ قیامت ہی معلوم ہو گا جب ہمارے اعمال تولے جائیں

گے۔ اور وہ ہے "نیت"۔ ہم دیکھتے ہیں کہ ہمارے پورے معاشرے میں اور عالمی پیمانے پر آمدنی کے ذرائع بڑھے ہیں۔ لوگ پہلے سے زیادہ مالدار اور خود کفیل ہوئے ہیں۔ دوسری قومیں اِس کا کتنا صحیح یا غلط استعمال کر رہی ہیں، اِس بارے میں عالمی پیمانے پر ریسرچ کرنے والے اصحاب زیادہ بہتر روشنی ڈال سکتے ہیں۔ ہم یہاں صرف اپنے معاشرے میں رائج غلطیوں کی جانب توجہ دلانا چاہتے ہیں تاکہ اِس سے احتیاط کریں اور اپنے اعمال ضائع ہونے سے بچالیں۔

متفق علیہ کی روایت مشکوٰۃ شریف کی پہلی حدیث "إنَّمَا الأعْمَالُ بِالنِّيات، وإنما لامرئ ما نوى، فمن كانت هجرته إلى الله و رسوله، فهجرته إلى الله و رسوله و من كانب هجرته إلى دنيا يصيبها، أو امراةٍ يتزوجها فهجرته إلى ما هاجر إليه۔

سیّدنا عمر بن خطاب رضی اللہ عنہ سے روایت ہے کہ رسول اکرم صلی اللہ علیہ وسلم نے فرمایا: اعمال کا دارومدار نیتوں پر ہے، ہر آدمی کو وہی ملے گا جس کی ان نیت کی، جس شخص نے اللہ اور اس کے رسول کے لیے اپنا گھر بار چھوڑا تو اس کی ہجرت اللہ اور اس کے رسول کے لیے (ہی) ہے۔ (یعنی اسے ثواب ملے گا) اور جس شخص نے دنیا کے لیے یا کسی عورت سے شادی کے لیے گھر بار چھوڑا تو اس کی ہجرت اسی مقصد کے لیے ہے (یعنی اسے ثواب نہیں ملے گا)

نیت میں کتنی نیکی ہے اس کا اندازہ تو نیت کرنے والے پر منحصر ہے۔ البتہ اکثر میں معاملے میں ایک چیز کا احساس ہونے لگا ہے کہ Igo یا "انانیت" نے ہمارے مابین دوری پیدا کر دی ہے۔ اور یہ انانیت بھی ہماری نیکیوں کو بالکل ایسے ہی کھا جاتا ہے جس طرح سے دیمک کتابوں کو۔ تقریباً بیس بائیس سال پہلے کا واقعہ ہے جب ہمارے یہاں کی معاشی حالت بہتر ہونے لگی تھی اور عام لوگوں کے گھروں میں ٹیلی ویژن کا چلن عام ہو چکا تھا،

لوگ نئے نئے تعلیم یافتہ بھی ہونے لگے تھے، ٹی وی چینل کی تعداد بڑھنے لگی تھیں۔ اب وہ لوگ کچھ کریں نہ کریں، عالمی خبروں اور تبصروں میں ہی لگے رہتے تھے اور تبصرہ کرنے پر ایک دوسرے سے سبقت لے جانے کی کوشش کرتے تھے۔ ٹی وی چینلز کی باڑھ نے ہمیں ایک طرف جہاں اخلاقی طور پر بے کار کر دیا دوسری طرف صحت کے اعتبار سے بھی ناکارہ کر دیا ہے۔

اخلاقی طور پر ایسے کہ جب کبھی اُن جیسے سے ملاقات کی غرض سے اُن گھر جانا ہوتا تھا تو اکثر وہ "ڈیوٹی آور" کے بعد ٹی وی میں محو ہوتے تھے اور صرف "السلام علیکم اور وعلیکم السلام" سے کام چلالیا کرتے تھے یا یہ سمجھ لیتے تھے کہ ملاقات ہوگئی۔ یا "السلام علیکم اور وعلیکم السلام" اور چند رسمی کلمات کے بعد ٹی وی آن اور ملاقاتی سے رابطہ گون۔ بالکل Eno کی طرح صرف چند سیکنڈوں میں۔ اور جب ملاقاتی کچھ انتظار کے بعد رخصت ہونے کا من بنالے اور اجازت طلب کرے تو "ارے صاحب بیٹھیے! ابھی آئے ابھی جارہے ہیں، یہ کیا بات ہوگئی، ابھی تو ہماری ملاقات بھی نہیں ہوئی۔ جناب آپ ابھی مصروف ہیں میں کسی اور فرصت کے وقت آؤں گا۔ (آپ نے بھی اکثر اندازہ کیا ہوگا اور کئی لوگوں نے افسانے کہانیوں کے ذریعہ بھی یہاں کی تفصیل بیان کی ہے یا آپ خود بھی سمجھ سکتے ہیں)۔

نا مناسب ہے خون کھولانا
پھر کسی اور وقت مولانا

دوسری طرف صحت کے اعتبار سے بھی ناکارہ ہوتے جارہے ہیں۔ اکثر مسجدوں میں آپ نے دیکھا ہوگا کہ کرسیوں کی تعداد بڑھتی جارہی ہے۔ گھٹنے اور کمر درد،

ذیابیطس، بلڈ پریشر وغیرہ کے مریضوں کی تعداد بڑھنے لگی ہیں۔ حالانکہ عمر کے حساب سے بھی ابھی صرف چالیس سال کو ہی پار کیا ہے۔ پچاس سال کے بعد والوں کی تعداد زیادہ ہے۔ رمضان اور روزے کے بارے میں لوگ اپنوں میں اور دوسرے لوگوں سے ایسے گفتگو کرتے ہیں جیسے کہ یہ مہینہ اُن کے لیے رحمت نہیں بلکہ زحمت بن کے آیا ہو۔ اس کی وجہ یہ بھی ہو سکتی ہے کہ اکثر لوگوں کے گیارہ مہینے کا لائحہ الگ ہوتا ہے اور اس ماہ کا الگ۔ حالاں کہ اس میں بہت ہی معمولی فرق آتا ہے۔ گراں اِس لیے گزرتا ہے کیوں کہ گیارہ مہینے اُن کا انداز ہی نرالا ہوتا ہے۔ صوم کا جو مطلب ہے اور جو اللہ کو مطلوب ہے، (یعنی کھانے، پینے، جماع اور لغویات سے رُکنے کا نام ہے) اگر اُس کو تسلیم کر لیا جائے تو زندگی کا نقشہ ہی بدل جائے گا۔ اگر باقی گیارہ مہینوں میں بھی اِن اعمال کو سنت کے مطابق اپنا لیا جائے اور لغویات سے پرہیز کر لیا جائے تو ہمیں یقین ہے کہ نا تو لوگ کوئی متعدی بیماری میں مبتلا ہوں گے اور نہ ہی اخلاقی اور ایمانی طور پر بدتر اور کمزور۔

اِس ماہ میں اکثر افطار پارٹیوں کا رواج اور شوق ہے، جس میں کچھ لوگ بے دریغ خرچ کرتے ہیں۔ حالاں کہ اکثر لوگ جو نئے نئے مالدار بنے ہیں وہ زکوٰۃ کے بارے میں نہیں جانتے۔ جمعہ کی نماز میں وہ اُس وقت حاضر ہوتے ہیں جب خطبہ ختم ہو چکا ہوتا ہے یا اکثر حصہ گزر چکا ہوتا ہے۔ نہ جمعہ کی اہمیت کو جانتے اور سمجھتے ہیں اور نہ زکوٰۃ کے بارے میں سیکھتے یا پوچھتے ہیں۔ اور ایک طرح سے فرض ادا نہیں کر پاتے۔ مالدار بننے کے بعد کھانے کھلانے اور حج کرنے کو ہی کارِ ثواب سمجھ لیا گیا ہے۔ جب کہ کھانے کھلانے میں بھی طریقۂ رسول موجود ہے اور اس کے بعد زکوٰۃ کے طور طریقے کو اپنا کر ادا کیا جائے۔ پہلے محلہ، معاشرہ میں ضرورت مندوں کو دیکھا جائے جو مالی طور پر کمزور ہیں یا روزگار وغیرہ کے لیے محتاج ہیں اُن کو روزگار کرایا جائے۔ حتی الامکان پہلے محلہ یا گاؤں کے

لوگوں کو خوشحال بنایا جائے۔ زکوٰۃ ادا کیا جائے پھر حج کیا جائے۔ اور اِن اعمال میں رِیا(نام ونمود) کی گنجائش نہیں ہونی چاہیے۔

اللہ کا بڑا اکرم ہے کہ اب ایسے افراد بھی ہیں جو کئی بار حج کر چکے ہیں یا ایک سے زیادہ بار حج کرتے ہیں یا ارادہ کر چکے ہیں۔ پہلا حج جو اُنہوں نے کیا وہ تو فرض تھا لیکن بعد کا حج نفلی ہوتا ہے۔ ہمارے معاشرے میں بہت سے لوگ ایسے نادار اور ضرورت مند بھی ہیں جنہیں اعلیٰ تعلیم حاصل کرنے کے لیے سرمایہ نہیں یا کسی متعدی بیماری میں مبتلا ہیں یا روزگار کرنا چاہتے ہیں لیکن سرمایہ نہیں ہے۔ یا نوجوان لڑکے اور لڑکیاں ہیں جو موجودہ معاشرہ کی بگاڑ کی وجہ سے وقت پر نکاح نہیں کر پا رہے ہیں۔ اگر اُس نفلی حج کی رقم کو اِس طرح کے ضرورت مندوں پر خرچ کیا جائے تو اجر تو اتنا ہی ملے گا جتنا کہ نفلی حج سے ملتا لیکن معاشرہ میں جو بہتری آئے گی اور اُن ہی لوگوں کے ذریعہ مزید دوسرے لوگوں کو خود کفیل بنانے کا سلسلہ چلے گا تو یہ کہیں زیادہ اجر و ثواب کا باعث ہوگا۔ کیوں کہ ایک طرح سے یہ صدقۂ جاریہ ہوگا۔ آج ہم دیکھتے ہیں کہ اِس معاملے میں ہمارا معاشرہ بہت پیچھے ہے۔ ہندوستان کے کچھ علاقہ کے لوگوں نے اِس موضوع پر خصوصی توجہ دی ہے جس کی وجہ سے وہ علاقہ (مہاراشٹر، کیرل، کرناٹک، آندھراپردیش کے کچھ علاقے) اب علم و عمل کے اعتبار سے ممتاز بن گیا ہے۔

ایک معاشرتی بیماری اور ہے جس نے نسل در نسل تباہ کر رکھا ہے اور وہ ہے غصہ کی حالت میں طلاق۔ اِس کے پیچھے بھی Igo یا "انانیت" کا عمل دخل ہے۔ اِس میں بھی مالدار گھرانوں کا زیادہ عمل دخل ہے۔ اکثر خاندان نکاح کے بندھن میں بندھتے ہیں بعد کی زندگیوں کے بارے میں طریقۂ محمدی (ﷺ) کو نہیں اپناتے بلکہ اکثر تو نہ جانتے ہیں اور نہ جاننے کی کوشش کرتے ہیں۔ یعنی ایک طرح اِس طرح کے گھرانے اسلامی اقدار

سے خالی ہوتے ہیں، حالاں کہ عصری تعلیم سے یہ خوب واقف ہوتے ہیں لیکن پتا نہیں اسلامی اصول کو سیکھنے میں کیوں لاپرواہی کرتے ہیں۔ اِس طرح کے خاندانوں نے صرف مال کمانے کو ہی زندگی کا اہم حصہ تسلیم کر لیا ہے۔ جب کہ سب سے زیادہ ضروری جسمانی اور اخلاقی دونوں اعتبار سے "صحت یا تندرستی" ہے۔ اخلاقی اعتبار سے صحت مند نہ ہونے کی وجہ سے ہی طلاق کے واقعات پیش آتے ہیں۔

اگر شادی پورٹل کا جائزہ لیا جائے تو پتا چلے گا کہ مسلم گھرانے کے بھی بائیس تا پچاس سال عمر کی طلاق یافتہ خاتون دوبارہ نکاح کی خواہشمند ہیں۔ جس میں کئی صاحبِ اولاد بھی ہیں۔ آخر کتنی بڑی بات ہوگئی یا بگاڑ میں کتنا آگے جا چکے ہوتے ہیں کہ اُنہیں لوٹنا مشکل ہو جاتا ہے اور جس کی وجہ بچوں پر اُس کا غلط اثر مرتب ہوتا ہے۔ میں نے ذاتی طور پر دیکھا ہے کہ اِس میں ننانوے فیصد غلطیاں عورتوں کی ہوتی ہے۔ اور اُن کی ماؤں کی طرف سے کچھ ایسی ہدایتیں ہوتی ہیں جو آگ پر تیل کا کام کرتی ہیں اور پھر گھر تباہ ہو جاتا ہے۔ جو کیس عدالتوں میں آتے ہیں وہاں سے بھی عورتوں کی جانب سے کوئی خاص وجہ نہیں ہوتی۔ صرف یہ کہ "شوہر کفالت نہیں کرتا یعنی خرچہ نہیں دیتا یا کم دیتا ہے" اس بارے میں جو اخباری رپورٹ کی بنیاد پر کئی معاملے آئے تو دیکھا یہ گیا کہ خرچہ کی وجہ ہے۔

ایسے ہی ایک معاملہ میں عورت نے طلاق لینے کے لیے عرضی غازی آباد کورٹ دائر کیا۔ جب جج نے عورت سے پوچھا "تو کیوں طلاق لینا چاہتی ہے تو جواب تھا کہ "جی یہ مجھے خرچہ کم دیتا ہے" جب شوہر سے تصدیق کی گئی تو شوہر نے کہا کہ "تجھے کتنا خرچہ چاہیے؟" عورت نے کہا کہ "گھریلو خرچ کے علاوہ پانچ ہزار روپے میرا جیب خرچ" شوہر نے کہا کہ "میں تجھے دس ہزار روپے ماہانہ جیب خرچ دوں گا۔ لیکن تو روٹی اپنے ہاتھوں

سے بنا کے کھلائے گی"۔ معاملہ سلجھ گیا۔ پتا یہ چلا کہ وہ عورت کھانا شوہر کو خود سے بنا کے نہیں دیتی تھی۔ جب کہ مالی طور پر اس گھر میں کوئی تنگی نہ تھی۔ ذرا غور کریں تو پتا چلے گا کہ یہ موڈرن کلچر جس میں عورتیں ایک دوسرے پر سبقت لے جانا چاہتی ہیں اور شوہر سے بے جا فرمائش اور مطالبہ کر کے اپنے گھر و خاندان کو تباہ کر رہی ہیں۔ آخر کیا وجہ ہے کہ اچھی خاصی آمدنی کمانے والی عورتیں بھی بغیر شوہر کے یا طلاق یافتہ زندگی گزارنے پر مجبور ہیں؟ جن گھروں میں شوہر کے گزرنے یا معذور ہونے کے بعد مالی تنگی آتی ہے اُس میں اکثر عورتوں کا ہی ہاتھ رہتا ہے۔ کیوں کہ جب حیثیت اور علم کے اعتبار سے شوہر کچھ دستکاری ہنر سیکھنے کا مشورہ دیتا ہے یا سکھانے کی کوشش کرتا ہے تو اکثر عورتیں لاپرواہی کا مظاہرہ کرتی ہیں۔ (اللہ نہ کرے) اگر کوئی ناگہانی آفت آجائے تو ایسی عورتیں در در کی ٹھوکریں کھانے پر مجبور ہوتی ہے۔

ابھی چند ماہ پہلے ایک ایسی ہی عورت سے سابقہ پڑا۔ اپنی بہن کی شادی کے لیے آبائی گاؤں جانا ہوا۔ گھر پہنچے ہوئے چند منٹ ہی ہوئے کہ ایک خاتون جن کی عمر تقریباً پچپن سے ساٹھ سال کے درمیان رہی ہو گی، خوش لباسی میں وارد ہوئیں۔ میں اپنی والدہ وغیرہ کی ملنے والی سمجھ کر اوپر کی منزل میں اپنے کمرے میں چلا گیا۔ خاتون کی واپسی کے بعد جب میں نے معلوم کیا تو معاملہ کچھ اور ہی پایا۔ "پتا یہ چلا کہ یہ فلاں جگہ رہتی ہیں۔ مالی مدد طلب کرنے کے لیے آئی تھیں۔ اِن کے دو بیٹا، بہو اور پوتے پوتیاں ہیں۔ بیٹی کی شادی کر دی۔ نواسا نواسی بھی ہے۔ بیٹا بہو ساتھ نہیں دیتے بلکہ بیٹا بہو کے کہنے پر ساتھ نہیں دیتا۔ شوہر کا انتقال ہو چکا ہے۔ یہ پوچھنے پر کہ شوہر کیا کرتے تھے؟ پتا چلا کہ بواسیر کا کامیاب علاج کر لیتے تھے وہی ان کی آمدنی کا ذریعہ تھا۔ بیٹا بہو کے علیحدہ ہونے کی وجہ سے اِن کو مالی تنگی رہتی ہے حالاں کہ یہ پیشہ ورانہ طور پر نہیں مانگتیں چند ہی گھروں میں جاتی

ہیں اور صرف اپنے گزارے بھر کا ہی طلب کرتی ہیں۔"

اِس واقعہ سے جو چند عبرتناک پہلو سامنے آیا اور مجھے سمجھ میں آیا اُسے میں نے اپنی والدہ، بہن اور بھاوج کے سامنے پیش کیا وہ یہ ہے: "اِس واقعہ میں ننانوے فیصد عورت کی غلطی ہے۔ پہلی یہ کہ اِنہوں نے بچوں کی تربیت صحیح طریقے سے نہیں کی ہوگی، کہیں نہ کہیں خامی ضرور ہے۔ دوسری بات اِن کے گھر میں مالی فراخی تھی تو اِس میں احتیاط سے کام نہیں لیا، تیسری بات یہ کہ اِنہوں نے شوہر کے ہنر کو سیکھنے کی کوشش نہیں کی اور نا ہی شاید پہلے سے کوئی ہنر ہے جس کے ذریعہ وہ کما کر اپنی ضروریاتِ زندگی پوری کر سکتی ہوں۔" اور سب سے بڑی غلطی کہ قرآن مجید تک تعلیم بھی نہیں ہے لہذا گھریلو طور پر بچوں بچیوں کو پڑھا کر بھی اپنے گزارے کا بندوبست نہیں کر سکتیں۔ کہتی ہیں اگر دوائی بنانے کا طریقہ ہمیں بتا گئے ہوتے تو ہمیں یہ دن نہ دیکھنا پڑتا۔ میں نے کہا یہ بھی غلط۔ کیسے؟ میں نے کہا کہ "شاید ہی کوئی ایسا شخص یا شوہر ہو کہ گھر میں جڑی بوٹی یا دوائی کے اجزا لا کر رکھے اور یہ نہ بتائے کہ اِس سے احتیاط برتا جائے۔ بچے نہ چھوئیں، یا نہ کھائیں، یا نہ ضائع کر دیں۔ اگر یہ ایک ایک چیز بھی پوچھتیں تو بہت لمبی زندگی تھی بہت آسانی سے اجزاء کی پہچان کر لیتی اور دوائی بنانے کا طریقہ سیکھ لیتیں۔" اِس میں ایک پہلو اور جھلک رہا کہ خاتون خود بے جا لاڈ پیار میں پلیں۔ نہ خود ابتدائی تعلیم رکھتی تھیں اور نہ ہی گھر کا ماحول بہتر بنا پائیں۔ شادی کے بعد بھی وہ خود فراخی میں زندگی گزاری۔ اِس دوران بھی نہ کسی نے رہنمائی کی ہوگی اور نہ خود ہی توجہ دی ہوگی۔

قارئین کرام غور فرمائیں! کیا ہمارے معاشرے میں ایسا نہیں ہو رہا ہے۔؟

ممکن ہے کہ اِس مضمون کو پڑھنے کے بعد خاتون قلم کاروں کی رَگِ حمیت پھڑک اٹھے اور تین کو تیرہ بنائیں یا مردوں کی کمیوں کو اُجاگر کرنے میں زمین آسمان کی قلابیں

ملائیں۔ کچھ تجربات مردوں کے بارے میں بھی عرض کرتا ہوں۔

نااہلیت، ناکارہ پن، شراب یا لغویات کا عادی، اخلاقی بیماری یا کمی، عورتوں کے مقابلے میں کم ہوتی ہیں۔ اور جن مردوں میں یہ کمی ہوتی ہے وہ گھر بھی واقعی جہنم کا نمونہ ہی ہوتا ہے۔ قریباً انیس سو نوے عیسوی کا واقعہ ہے: میں روزنامہ اخبار میں ملازمت کرتا تھا۔ شام کی ڈیوٹی انجام دے کر دس بجے رات کو آفس سے چھوٹ کر کرایہ کے کمرے پر گیارہ بجے رات تک پہنچ جاتا تھا۔ کھانا کھا کر جیسے ہی سونے کی تیاری کرتا یا پہلی ہی نیند لگی ہوتی تھی کہ دھڑام، دھڑ وم، اٹھا پٹک کی آوازیں آنے لگتیں۔ واقعہ یہ ہے کہ مکان مالک نکما ہے۔ تین بچے پانچ سے دس سال کے درمیان کے ہیں۔ بیوی دِن بھر چھوٹے بچوں کے لیے ضروری سامان بیچ کر دو وقت کی روٹی کا بندوبست کرتی تھی۔ نکما شوہر دن بھر مٹر گشتی کرتا اور کرایہ کے دکان کا کرایہ ہضم کر کے بیوی کی کمائی پر ڈاکہ ڈالتا اور لڑائی کرتا۔"

اُس کا بڑا لڑکا کیرم کھیلنے کے بہانے اکثر میرے کمرے میں آیا کرتا تھا۔ میں نے مذکورہ معلومات اُسی کے ذریعہ حاصل کی تھی۔ میرے کمرے کا کرایہ اِس بچے کی بیوہ پھوپھی کے حصہ میں جاتا تھا۔ شرابی کی بری عادت یعنی کے کہیں نہ کہیں پینے کے واسطے پیسہ حاصل کرنا۔ وہ کوشش میرے اوپر بھی کرنا چاہتا تھا۔ خیر۔ بڑا لڑکا اور لڑکی ذرا ہوشیار تھے تو میں نے کہا کہ ممی سے چپکے سے پوچھ تیرے پاپا کے پینے کی عادت ختم ہو جائے گی۔ پاپا کے سامنے بات مت کرنا۔ نہیں سمجھ میں آرہی تو ممی سے بات کرا۔ میں سمجھا دوں گا۔ مالی حالت اتنی خراب تھی کہ دس دن کی دوائی کے لیے پچاس روپے بھی نہیں تھے۔ خیر میں نے حالات سے آگاہ کر دیا کہ تیری مرضی ہے۔ کما کے وہ تجھے دے نہیں رہا، اُلٹا تیری کمائی پر بھی ڈاکے ڈال رہا۔ پٹائی بھی کھاتی ہے۔ کچھ روپیوں کا بندوبست کر کے ڈیڑھ

دو مہینہ علاج کرا لے۔ تا کہ کم از کم اپنے بچے تو صحیح طریقے سے پرورش کر لے گی۔ پٹائی سے بھی بچ جائے گی۔ پیسے بھی تجھ سے نہیں چھینے گا۔ میری بات اُسے سمجھ میں آئی۔

اُس زمانے میں دن کے وقت میں پڑھائی کرتا تھا اِس لیے میں نے دوسرا کمرہ لے لیا۔ کچھ دنوں کے بعد ملاقات ہوئی تو پتا چلا کہ اُس کی شراب چھڑا دی گئی۔ دو وقت میں تین روٹی کھاتا ہے اور ایک بنڈل بیڑی پیتا ہے۔ میں نے اُس کی بیوی سے پوچھا۔ اُس نے خوشی ظاہر کی۔ بچے پڑھ رہے ہیں اور پارٹ ٹائم اسکوٹر مرمت کا کام سیکھ رہے ہیں۔ "چلو اچھی بات ہے۔" کہہ کر میں نے اُس کی دل جوئی کی۔

اب ذرا اِس واقعہ پر غور کریں کہ جو عورتیں گھر سنوارنا چاہتی ہیں وہ ایسی عورتوں کو مناسب مشورہ کیوں نہیں دیتیں؟ لڑنے کا ہی مشورہ کیوں دیتی ہیں؟ اگر میں کوئی منفی مشورہ دیتا تو شاید یہ گھر تباہ ہو جاتا اور اُس کا گناہ میرے ذمہ ہوتا۔ شرابی کا گردہ خراب ہو چکا تھا اور اس کی موت پینتالیس سال کی عمر میں ہو چکی۔ میں نے مثبت طریقہ بتایا تو گھر کا ایک ناکارہ حصہ ضائع ہوا۔ باقی سب ٹھیک ہے۔ بچے اب کماؤ ہو گئے ہیں۔ الحمدللہ

The season of good deeds. Essay: Firoz Hashmi

***

۱۱

نئے تعلیمی سال کا آغاز: والدین اساتذہ کا استحصال۔ تعلیم بن گئی تجارت

یحییٰ خان

رزق پتھروں میں بھیجنے والے
میرے بچوں کی فیس رہتی ہے !

تعلیم بن گئی تجارت:

خانگی اسکولوں میں ہزاروں روپیوں کی وصولی، تعلیمی سال کے آغاز کے ساتھ ہی والدین کی پریشانیوں میں اضافہ !!

سرپرستوں کیساتھ ساتھ خود اساتذہ بھی استحصال کا شکار تعطیلات کے دوران، گاؤں گاؤں، گلی گلی، گھر گھر گھوم کر اسکول کی تشہیر میں مصروف!

ماہ جون کا مہینہ سب سے زیادہ مصیبت ان لوگوں کے لئے ہوتا ہے جن کے بچے تعلیم حاصل کر رہے ہوں یا پھر اس تعلیمی سال سے ان کے بچوں کا اسکولوں میں داخلہ کروانا ہو۔ ریاست تلنگانہ میں ۱۲/ جون یا پھر ۱۳/ اور ۱۴/ جون کو ہفتہ اور اتوار ہونے کے

باعث ۱۵ رجون سے سرکاری اور خانگی اسکولوں کی کشادگی عمل میں لائی جانے والی ہے (جبکہ کئی خانگی اسکولس کا ۸ رجون سے ہی آغاز ہو چکا ہے) بد قسمتی کی بات یہ ہیکہ چند سالوں سے ملک میں دو ہی شعبے سب سے زیادہ مہنگے اور لوٹ کھسوٹ میں ماہر مانے جانے لگے ہیں ایک ہے تعلیمی شعبہ اور دوسرا طبی میدان! دونوں ہی جگہوں پر عام انسانوں کی چمڑی ادھیڑنے میں کوئی کسر نہیں چھوڑی جاتی مرکزی اور ریاستی حکومتوں کا دستوری فرض ہوتا ہے ہیکہ عام شہریوں کو بہتر تعلیم اور بہتر طب فراہم کرے ایسا نہیں ہیکہ حکومت اس جانب توجہ نہیں دیتی اس کی جانب سے ہسپتالوں کی اونچی اونچی عمارتیں تو ہیں لیکن ان میں زیادہ تر نہ ادویات ہوتی ہیں اور نا ہی ماہر ڈاکٹرس یہی وجہ ہیکہ خانگی ہسپتالوں میں علاج تو بہتر ہوتا ہے لیکن ان میں زیادہ تر مریضوں کا مالی استحصال عام بات ہے۔

دوسری جانب سرکاری اسکولس کی بھی ایسی ہی کچھ حالت ہوتی ہے جن کی نہ عمارتیں اچھی ہوتی ہیں اور نا ہی طلباء کو بنیادی سہولتیں فراہم کی جاتی ہیں جبکہ ان سرکاری اسکولس کے اساتذہ انتہائی قابل مانے جاتے ہیں اور حکومت انہیں اونچی تنخواہیں بھی دیتی ہے سرکاری اسکولس میں بہترین تعلیم ممکن بھی مانی جاتی ہے لیکن ان سرکاری اسکولوں میں اساتذہ کی قلت عام اور قدیم بات ہے جبکہ ان سرکاری اسکولوں کے طلباء کو مفت یونیفارم، مفت کتابیں اور مفت دوپہر کا کھانا بھی دیا جاتا ہے لیکن بنیادی سہولتوں کی فراہمی اور اساتذہ کے تقرر پر دھیان ہی نہیں دیا جاتا!

ریاست کی ٹی آر ایس حکومت اور وزیر اعلیٰ کے سی آر تعلیمی شعبہ میں انقلاب پیدا کرنے میں نیک نیتی کا مظاہرہ کر رہے ہیں انکی جانب سے انتخابات کے دوران وعدہ کیا گیا تھا کہ ریاست میں تمام طبقات کیلیئے بالکل کانوینٹ طرز کی تعلیم کے جی تا پی جی مفت فراہم کی جائیگی تاہم جاریہ سال سے اس پر عمل آوری ممکن نظر نہیں آرہی ہے اسکے لئے حکومت

ماہرین تعلیم کے ذریعہ منصوبہ سازی میں مصروف ہے لیکن حکومت سے عوام کو توقع تھی کہ وزیر اعلیٰ کے سی آر اس تعلیمی سال سے خانگی اسکولس اور کالجس کی لوٹ کھسوٹ اور انکی من مانی پر نکیل کستے ہوئے انکے لئے سخت رہنمایانہ اصول جاری کرینگے لیکن اب تک ایسا کوئی اقدام نہیں کیا گیا جس سے سرپرستوں میں مایوسی پائی جاتی ہے۔

سرکاری اسکولس کی زبوں حالی کی وجہ سے مالدار طبقے کے بچے تو پہلے ہی ان سرکاری اسکولوں سے دور ہوگئے تھے اب متوسط اور غریب طبقہ بھی اپنے بچوں کو ان سرکاری اسکولوں سے دور ہی رکھنے میں بھلائی سمجھ رہا ہے نتیجہ یہ ہوا کہ خانگی اسکولوں کی ہر گلی اور ہر محلہ میں قطاریں لگ گئیں جو کہ ایک اچھی بات بھی کہی جاسکتی ہے لیکن آہستہ آہستہ ان خانگی اسکولس کی حیثیت بھی ایک انڈسٹری کی سی ہوتی چلی گئی اور اب متوسط کے ساتھ ساتھ دولت مند طبقہ کے لوگ بھی اپنے بچوں کی تعلیم کے خرچ کو لیکر پریشان ہیں سب سے زیادہ پریشانی متوسط طبقہ کی ہے جو پہلے ہی آسمان چھوتی مہنگائی کی چکی میں پس رہا ہے چند ایسے والدین بھی ہیں جو کہ ماہ جون کے آتے ہی قرض کے دلدل میں پھنس جاتے ہیں یا پھر اپنی دوسری ضروریات کو اپنے بچوں کی تعلیم پر قربان کر دیتے ہیں۔

ماہ جون میں اسکولوں کی کشادگی کے ساتھ ہی والدین کی پریشانیاں قابل دید ہوتی ہیں اسکولوں کی ٹرم فیس، ٹیوشن فیس، کتابیں، یونیفارم، شوز، ٹائی بیلٹ، اسکول بیاگ سے لیکر اسکول کی بس تک کا خرچہ، ماہ جون پورا اسی کشمکش میں گذر جاتا ہے ادھر خانگی اسکولوں کی من مانی کا یہ حال ہیکہ اب ساری کتابیں انہی کے اسکولوں سے خریدنا لازمی ہوگا اور انہی کے بتائے ہوئے تاجر پارچہ سے اسکول کے یونیفارم خریدنے ہونگے یا پھر یونیفارمس بھی یہی اسکول سربراہ کرینگے! دوسری جانب خانگی اسکولس اپنے نام کیساتھ کانسپٹ، انٹرنیشنل، اولمپیاڈ، ٹیکنو، گرامر جیسے لفظوں کا اضافہ کرتے ہوئے الگ الگ

مقدار میں بے تحاشہ اڈمیشن فیس یا پھر ٹیوشن فیس وصول کرنے میں مصروف ہیں جبکہ ان خانگی اسکولس میں پڑھانے والے ٹیچرس جن میں زیادہ تر خواتین ٹیچرس ہوتی ہیں انکی حق تلفی بھی کیجارہی ہے انہیں ماہانہ اتنی تنخواہ بھی نہیں دی جاتی جتنا کہ ایک مزدور کو ملتی ہے یعنی ان ٹیچرس کو ماہانہ ۲/ہزار تا ۸/ہزار روپئے تنخواہ دی جاتی ہے اوران سے اسکولی اوٗقات سے زیادہ کام لیا جاتا ہے یہاں گرمائی تعطیلات کے دوٗران یہ بھی دیکھا گیا کہ کئی خانگی اسکولوں کے انتظامیہ نے سخت گرماء کے باوٗجود ان ٹیچرس کو گاوٗں گاوٗں، گلی گلی روانہ کیا تاکہ وہ گھر گھر جاکر اسکول کی تشہیر کریں اور زیادہ سے زیادہ بچوں کو انکے اسکولس میں داخلہ کیلئے راغب کریں !

ہم نے اوپر لکھا ہیکہ اس ملک میں دو شعبے تعلیم اور طب بہت زیادہ مہنگے ہوگئے ہیں تو اس کا واحد ذمہ دار شعبہ تعلیم ہے ! ظاہری بات ہیکہ کوئی طالب علم جب نرسری سے لیکر ایم بی بی ایس تک تقریبا دو تا چار کروڑ روپئے صرف کرکے ڈاکٹر بنے گا تو وہ مسیحا کیونکر بنے گا ! کیوں کہ تعلیم ہی تجارت بن گئی ہے تو پھر طب کے میدان میں مسیحائی کی توقع کیوں !! صرف تجارت کی ہی بات ہوگی ! حکومت اس جانب تھوڑی بھی توجہ دیتی ہے اور خلوص نیت کے ساتھ ان خانگی اسکولس پر نکیل کستی ہے اور پھر سرکاری اسکولس کی حالت درست کرتی ہے تو پھر تعلیم اور طب دونوں میدان عام آدمی کی دسترس میں ہوسکتے ہیں ! انہی حالات کو دیکھتے ہوئے مخمورؔ قلندرانی کو کہنا پڑا کہ :

Education is a business now, exploitation of parents and teachers. Essay: Yahiya Khan

***